McGRAW-HILL • LECTURA

Revisión de enseñanza

Grado 4

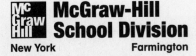

**McGraw-Hill
School Division**

New York   Farmington

McGraw-Hill School Division

A Division of The **McGraw·Hill** *Companies*

McGraw-Hill School Division
Two Penn Plaza
New York, NY 10121

Printed in the United States of America

ISBN 0-02-186414-4

1 2 3 4 5 6 7 8 9 066 04 03 02 01 00

CONTENIDO

Libro 4

UNIDAD 1: VIVENCIAS

UNIDAD 2: HOMBRO CON HOMBRO

Libro 4

UNIDAD 3: VUELO DE VOCES

UNIDAD 4: SORPRESAS

UNIDAD 5: HAY UN PLAN

UNIDAD 6: NUEVAS IDEAS

Aspectos del cuento

> Los cuentos tratan de **personajes**. Los personajes pueden ser personas o animales. El **ambiente** es el lugar y el momento en que se desarrolla el cuento.

Lee los siguientes textos. Luego escribe los nombres de los personajes e indica cuál es el ambiente.

Tamara se quedó de piedra, moviendo lentamente la cabeza de un lado a otro. No se lo podía creer: su equipo de fútbol acababa de perder el gran partido de la temporada. De repente vio que su entrenador le sonreía: le dijo que no se preocupara, que tendrían otras oportunidades para ganar.

1. **Personajes** _____

2. **Ambiente** _____

La presidenta de nuestro club es fantástica. No sé si en la reunión de anoche se disgustó conmigo; nos pidió que dijéramos cuáles habían sido las actividades del club que más nos habían gustado. Yo dije que el proyecto de limpieza del solar vacío me había parecido muy bueno, pero que no me gustó nada la excursión de pesca. Ella dijo que la excursión de pesca había sido la que más ilusión le había hecho.

3. **Personajes** _____

4. **Ambiente** _____

Marcos tiene un perro que es único. Se llama Gundo y hace unas cosas increíbles. Cuando Marcos prende la linterna, Gundo persigue la luz por toda la casa. Le gusta agarrar una toalla entre los dientes y sacudirla; entonces, la toalla le tapa los ojos y vuelve a atacarla con más brío todavía.

5. **Personajes** _____

6. **Ambiente** _____

Para hacer en casa: Pida a los estudiantes que elijan un ambiente en el que puedan imaginarse como el personaje principal. Después podrán contar un cuento en el que les suceda algo en ese ambiente.

Vocabulario

Lee las pistas siguientes. Después busca las palabras del vocabulario en las hileras de letras y rodéalas con un círculo.

brújula	estrenar	murmurar	velozmente	acampar	hablador

1. deprisa

c a r i n e v e l o z m e n t e g a

2. dormir al aire libre con tiendas

r e q u i l a m e n a c a m p a r

3. usar por primera vez

t u r a f e m a e s t r e n a r i n

4. instrumento para orientarse

g a t u p e b r ú j u l a n a r o

5. hablar en voz baja

f e m u r m u r a r i g a m a s

6. charlador

t e n a h a b l a d o r e t i m a

Comprensión de lectura

Revisión 3

Marca con una ✔ las afirmaciones verdaderas según "El Lago Perdido".

_____ **1.** Lucas y su papá fueron a acampar.

_____ **2.** Su papá se pasaba horas hablando con Lucas en casa.

_____ **3.** A su papá le gustaba estar con mucha gente en el lago.

_____ **4.** Lucas y su papá fueron a buscar su propio lago.

_____ **5.** El papá subía por el sendero como una cabra de monte.

_____ **6.** Tenían que ir con cuidado, porque había osos.

_____ **7.** Lucas nunca se cansó de caminar.

_____ **8.** En la excursión, Lucas y su papá llegaron a conocerse mejor.

Para hacer en casa: Pida a los estudiantes que vuelvan a contar "El Lago Perdido" con sus propias palabras.

Libro 4/Unidad 1
El Lago Perdido

2–3

Usar las partes de un libro

Si sabes cuáles son las distintas **partes de un libro** y cómo consultarlas, te será más fácil hallar la información que buscas.

Escribe la letra de la descripción correspondiente a cada una de las partes de un libro.

_____ 1. Contenido

_____ 2. Índice

_____ 3. Glosario

a. define las palabras importantes de un libro

b. lista de temas y nombres importantes, citados por orden alfabético

c. lista de nombres de los capítulos, unidades y selecciones

Rodea con un círculo la letra correspondiente a la respuesta correcta.

4. ¿Qué parte del libro consultarías para averiguar el significado de tararear?

   a. el índice

   b. el glosario

   c. el contenido

5. ¿Qué parte del libro consultarías para saber en qué página empieza un capítulo?

   a. el índice

   b. el glosario

   c. el contenido

6. Para saber en qué página se trata un tema determinado, ¿qué parte consultarías?

   a. el índice

   b. el glosario

   c. el contenido

Para hacer en casa: Pida a los estudiantes que escriban un contenido para un libro que les gustaría leer o incluso escribir.

4

Aspectos del cuento

> Si sabes cuáles son los **personajes** de un cuento y en qué **ambiente** se desarrollan los sucesos, te será más fácil entender el relato y disfrutar de su lectura.

Lee los pasajes siguientes. Rodea con un círculo la letra correspondiente a la respuesta correcta.

Carla y su mamá iban en el auto, camino de la casa de la abuela junto al lago. Carla observó que su mamá, con la mirada fija en la carretera y las manos al volante, parecía preocupada. La muchacha miró hacia adelante y luego volvió a mirar a su mamá. Se dio cuenta de que ahora que la abuela estaba enferma, mamá ya no sólo tenía que cuidar de sus hijos, sino también de su propia madre.

1. ¿Quiénes son los personajes principales?

a. Carla y su mamá   **b.** la abuela y la mamá de Carla   **c.** los hermanos de Carla

A Juan le gustaba pasarse el rato en el parque con Fede y sus amigos. Fede era divertido, pero a Juan no le gustó que se riera de Fran, el muchacho que acababa de llegar al barrio. Cuando Juan vio que Fran estaba a punto de marcharse, se le acercó y le preguntó si quería ir con él a su casa.

2. ¿Cuál es el ambiente?

a. la casa de Juan   **b.** el parque del barrio   **c.** el patio de la escuela

Dan y su papá solían ir a pescar al lago, pero ese día cambiaron de plan y decidieron irse al mar. Los dos estaban en silencio, mirando las olas. Los demás pescadores de la orilla también estaban callados y concentrados en la pesca.

3. ¿Quiénes son los personajes principales?

a. los demás pescadores   **b.** Dan y su papá   **c.** los peces

4. ¿Cuál es el ambiente?

a. la orilla del mar   **b.** un lago   **c.** un barco

Para hacer en casa: Pida a los estudiantes que elijan un cuento conocido y le cambien el ambiente para ver cómo éste influye en los sucesos que se relatan.

Hacer inferencias

> Los autores no expresan siempre claramente lo que sucede o lo que sienten los personajes. A veces tenemos que fijarnos en las pistas que nos da el cuento y pensar en lo que ya sabemos por experiencia propia para poder **hacer inferencias**.

Lee el pasaje. Luego escribe oraciones completas para responder a las preguntas.

> Lucas se quedó quieto cuando la Sra. Sánchez repartió los exámenes corregidos. Había estudiado mucho; incluso se había quedado en casa a estudiar cuando sus amigos se fueron a acampar. El salón de clases estaba en silencio. Cuando la Sra. Sánchez le entregó el examen a Álex, éste miró la hoja y cerró el puño, haciendo una bola con el papel. Juana tomó su hoja y la besó. Lucas tendió la mano para el examen que le entregaba la maestra. Nada más mirar la hoja, se sonrió.

1. ¿Qué tal le fue el examen a Álex? ¿Cómo lo sabes?

   _____

   _____

2. ¿Qué tal le fue el examen a Juana? ¿Cómo lo sabes?

   _____

   _____

3. ¿Crees que Lucas se quedó satisfecho del resultado del examen? ¿Cómo lo sabes?

   _____

   _____

4. ¿Por qué crees que el salón de clases estaba en silencio?

   _____

   _____

4 Libro 4/Unidad 1
El Lago Perdido

Para hacer en casa: Pida a los estudiantes que expliquen cómo sus propias experiencias en situaciones parecidas a ésta, la entrega de notas tras un examen, les ayudaron a hacer inferencias sobre el cuento.

6

Palabras con varios significados

Hay palabras que tienen **varios significados** diferentes, es decir, que significan más de una cosa. Usa las palabras de las oraciones siguientes como pistas para decidir cuál es el significado correcto en cada caso.

Rodea con un círculo la letra correspondiente al significado correcto de la palabra subrayada.

1. Esta revista es muy cara: cuesta cinco dólares.

    a. de precio alto

    b. parte delantera de la cabeza

2. La escuela está muy cerca de mi casa.

    a. valla que rodea un terreno

    b. a corta distancia

3. Julia lleva una media de cada color.

    a. prenda de vestir que cubre el pie

    b. la mitad

4. ¿Quieres que vayamos a dar una vuelta por el parque?

    a. paseo

    b. regreso

5. El título aparece en la portada y en el lomo.

    a. corte de carne

    b. parte cosida de un libro

6. Tengo el gusto de presentarle al Sr. Ortiz.

    a. sabor

    b. placer

Para hacer en casa: Pida a los estudiantes que elijan tres palabras subrayadas y escriban oraciones en las que las usen con el otro significado posible.

Libro 4/Unidad 1
El Lago Perdido

7

7/6

Problema y solución

Lo mismo que las personas en la vida real, los personajes de los cuentos pueden tener un **problema**. Lo que hacen para encontrar una **solución** al problema constituye el **argumento**, que es el conjunto de los sucesos del cuento.

Lee el texto. Después responde a las preguntas.

Sam se sentía dejado de lado. Guille y Petra se iban a quedar después de la escuela para construir un cohete, y a Sam le habría gustado participar en el proyecto.

Decidió preguntar a sus compañeros si podía ayudarlos. Le dijeron que sí, pero tendría que pedirle permiso al Sr. Calvo, su maestro de ciencias. El maestro dijo que Sam podía ayudar si su mamá le dejaba quedarse después de la escuela. Sam telefoneó y su mamá le dijo al Sr. Calvo que no tenía inconveniente.

Sam fue de gran ayuda a Guille y a Petra. Él fue quien ideó la forma de hacer despegar el cohete. Al día siguiente, en la clase de ciencias, hicieron el lanzamiento. Todos los compañeros los felicitaron y Sam se sintió muy orgulloso.

1. ¿Qué problema tenía Sam? _____

_____

2. ¿Qué hizo Sam para tratar de resolver el problema? _____

_____

3. ¿Qué hizo Sam a continuación para resolver el siguiente paso? _____

_____

4. ¿Qué fue lo último que hizo Sam para encontrar una solución? _____

_____

4 | Libro 4/Unidad 1
Cajas de cartón

Para hacer en casa: Pida a los estudiantes que piensen otras formas en que Sam podría haber resuelto su problema.

8

Vocabulario

Completa las oraciones con palabras del recuadro.

| natal   acarrear   advertir   impertinente   asignatura   estremecer |

1. ¡Hijo mío, no seas ——————————— y déjame hablar!

2. Alberto es buen estudiante, pero hay una ——————————— que le requiere mucho esfuerzo: las matemáticas.

3. Yo regreso a mi pueblo ——————————— todos los veranos.

4. Tuvieron que ——————————— todos los libros a la biblioteca nueva.

5. Si no te quieres ——————————— de miedo, no mires esta escena de la película.

6. Te tengo que ——————————— que si no vienes pronto, nos habremos comido todas las rosquillas.

Revisión 10

Comprensión de lectura

Contesta las preguntas siguientes sobre "Cajas de cartón".

1. ¿Por qué se ponía triste Panchito cuando veía las cajas de cartón?

_____

2. ¿Por qué se trasladaba tantas veces la familia? _____

_____

3. ¿Por qué se escondían Panchito y su hermano cuando veían el camión de la

escuela? _____

4. Cuando por fin Panchito consiguió ir a la escuela, ¿quién lo ayudó? ¿Cómo?

_____

Para hacer en casa: Pida a los estudiantes que describan en un párrafo a algún conocido que trabaje en el campo o haga otro tipo de actividad laboral que requiera mucho esfuerzo físico.

9–10

Libro 4/Unidad 1
Cajas de cartón

Usar un glosario

Un **glosario** es como un pequeño diccionario que se encuentra al final de un libro. Puede darnos mucha información importante sobre las palabras difíciles del libro, por ejemplo:

- el significado que se le da a la palabra en el libro;
- la parte de la oración (sustantivo, verbo, adjetivo, etc.) y, si se trata de un sustantivo, el género (femenino o masculino);
- sinónimos (otras palabras con el mismo significado);
- oraciones que muestran cómo se utiliza la palabra.

---

a•bo•lla•du•ra *f.* Parte de una superficie que queda hundida por un golpe. *El auto chocó contra la farola y se hizo una gran abolladura.*

a•pre•su•rar•se *v.* Hacer algo con rapidez. *Nos tuvimos que apresurar para no perder el autobús.*

   Sinónimos: darse prisa, apurarse

a•sa *f.* Parte que sobresale de un objeto y sirve para agarrarlo. *La maleta pesaba tanto que cuando la levanté se rompió el asa.*

Consulta este fragmento de un glosario para responder a las preguntas.

1. ¿Cómo están ordenadas las palabras del glosario?

_____

2. ¿Qué es un asa?

_____

3. Si te apresuras, ¿tardas menos o tardas más en llegar?

_____

4. ¿Qué parte de la oración es la palabra abolladura? ¿De qué genero?

_____

5. Cuántas sílabas tiene la palabra apresurarse?

_____

---

5 Libro 4/Unidad 1
Cajas de cartón

Para hacer en casa: Pida a los estudiantes que, a partir de un cuento que elijan, hagan su propio glosario de cuatro palabras, imaginándose que ayudará a los lectores más jóvenes a entender las palabras difíciles.

11

Problema y solución

Si sabemos identificar el **problema** que tiene un personaje de un cuento y nos fijamos en lo que hace para buscar una **solución,** podremos entender mucho mejor el argumento.

Lee los cuentos. Escribe luego qué problemas hay y cuáles son sus soluciones.

Suso está disgustado con sus tareas. Está intentando hacer un problema de matemáticas, pero no puede resolverlo. Ha leído las instrucciones una y otra vez, pero sigue sin entender el problema. Al final se da por vencido y se va a dormir.

A la mañana siguiente, Suso va temprano a la escuela para poder hablar con su maestro. Éste entiende por qué Suso tiene dificultades y promete enseñar a toda la clase la solución del problema.

1. **Problema:** _____

_____

2. **Solución:** _____

_____

Tessa tiene una caja de "tesoros", donde guarda recuerdos y objetos que le gustan. La ha buscado por toda la casa, pero no la encuentra en ninguno de los sitios donde suele esconderla.

Tessa se sienta a pensar dónde puede estar su caja y trata de recordar la última vez que la abrió. Entonces estaba en casa de Lucía. Tessa llama por teléfono a Lucía. ¡La caja está allí!

3. **Problema:** _____

_____

4. **Solución:** _____

_____

Para hacer en casa: Pida a los estudiantes que inventen un problema para un personaje. Propóngales después que trabajen con un compañero o una compañera para encontrar soluciones.

Libro 4/Unidad 1
Cajas de cartón

12

4

Hacer inferencias

A veces tenemos que leer cuidadosamente el texto para buscar pistas sobre los personajes y los sucesos. Al servirnos de las pistas que nos da el texto y de lo que sabemos de nuestra propia vida, estamos **haciendo inferencias.**

El salón, grande y soleado, estaba lleno de hileras de experimentos con plantas. Había libros a lo largo de toda una pared. Margarita vio libros sobre animales, sobre los planetas, sobre la electricidad y sobre muchos temas más. En un rincón había pilas de guantes de plástico y máscaras protectoras. Margarita no estaba segura de si debía entrar o no. Se quedó esperando junto a la puerta.

Invitándola a pasar con un gesto, el maestro le dio la bienvenida, se presentó y le indicó un lugar donde sentarse. Los demás estudiantes también la saludaron. Margarita no tardó en sentirse como en casa.

1. ¿Dónde estaba Margarita? _____

_____

2. ¿Qué clase de salón estaba mirando Margarita? _____

_____

3. ¿Cómo sabes qué tipo de salón era? _____

_____

4. ¿Cómo crees que se sentía Margarita cuando esperaba en la puerta?

_____

5. ¿Crees que Margarita era una estudiante nueva? ¿Por qué? _____

_____

Para hacer en casa: Pida a los estudiantes que se inventen un cuento que proporcione pistas sobre el ambiente, pero sin identificarlo directamente. Pueden dar el cuento a un familiar o un amigo para que lo lea e infiera dónde y cuándo tiene lugar.

Sinónimos y antónimos

> Los **sinónimos** son palabras que tienen el significado igual o muy parecido.
> Los **antónimos** son palabras que tienen el significado contrario.

Lee las palabras del recuadro y escribe junto a cada oración la palabra
que signifique casi lo mismo que la que está subrayada.

cansado	**mudarse**	**sonidos**	**dueño**

1. Toda la familia tuvo que trasladarse a otra ciudad. _____

2. El anterior propietario de esta casa era pintor. _____

3. Después de tanto caminar, estaba fatigado. _____

4. Oí unos ruidos extraños en el salón. _____

Lee las palabras del recuadro y escribe junto a cada oración la palabra
que signifique lo contrario de la que está subrayada.

nunca	**cerca**	**enfermó**	**calor**

5. Andrea se curó la semana pasada. _____

6. En este autobús hace mucho frío. _____

7. Tu casa está muy lejos de aquí. _____

8. Josefina siempre llega tarde. _____

Para hacer en casa: Pida a los estudiantes que piensen en
tres pares de sinónimos y tres pares de antónimos.

Libro 4/Unidad 1
Cajas de cartón

14

8

Idea principal y detalles que la justifican

> Para hallar la **idea principal,** pregúntate de qué trata el texto que estés leyendo. Busca **detalles** que expliquen esa idea principal.

Lee este texto y después rodea con un círculo las letras de las respuestas correctas.

El reciclaje de productos es bueno para el medio ambiente. Si reutilizamos el papel, los plásticos o los metales no gastaremos tantos recursos naturales. Además, con el reciclaje producimos menos basura. Es importante que aprovechemos al máximo los recursos que tenemos. En casi todas las comunidades de nuestro país se están aprobando leyes que obligan a la gente a reciclar.

1. ¿Cuál es la idea principal?

   a. No se debe malgastar plástico.

   b. El reciclaje es bueno para el medio ambiente.

2. ¿Cuál de estos detalles la justifica?

   a. Con el reciclaje producimos menos basura.

   b. No hay suficientes recursos naturales.

3. ¿Cuál de estos detalles <u>no</u> da más información sobre la idea principal?

   a. En casi todas las comunidades de nuestro país se están aprobando leyes que obligan a la gente a reciclar.

   b. El reciclaje nos ayuda a aprovechar los recursos.

4. Según el texto, ¿cuál de estas afirmaciones no es verdadera?

   a. Reciclar significa consumir menos recursos naturales.

   b. Toda la población se esfuerza por reciclar.

Libro 4/Unidad 1
El viaje de las focas
4

Para hacer en casa: Pida a los estudiantes que lean una sección de uno de sus libros de texto y que señalen la idea principal y al menos dos detalles que la justifiquen.

15

Vocabulario

Lee las pistas siguientes y escribe la palabra correspondiente del recuadro.

emigrar	gemir	horizonte	guardería	adulto	asegurar

1. Es como hacer un ruido para quejarse. _____

2. Aquí pasan mucho rato los niños pequeños. _____

3. Decir con seguridad que algo va a suceder de verdad. _____

4. Es lo que hacen muchos animales que huyen del frío. _____

5. Es lo que eres cuando ya has dejado de crecer. _____

6. Línea en la que parece que el cielo y la tierra o el mar se juntan.

_____

Comprensión de lectura

Rodea las letras de las respuestas correctas sobre "El viaje de las focas".

1. ¿De qué trata esta selección?

   a. focas de Groenlandia   b. osos polares

2. ¿Cómo es el ambiente?

   a. frío y cubierto de hielo   b. cálido y lluvioso

3. ¿Qué hacen las madres y los cachorros para reconocerse?

   a. Se lamen.   b. Se frotan las narices.

4. ¿Qué consiguió hacer Jonah antes de volver a casa?

   a. acariciar a un cachorro   b. dar de comer a un cachorro

5. En el pasado, ¿por qué mataban a los cachorros?

   a. porque los cazadores vendían sus pieles

   b. porque los animales molestaban a las personas

Para hacer en casa: Pida a los estudiantes que dibujen un cachorro de foca.

16–17

Libro 4/Unidad 1
El viaje de las focas 5

Usar un índice

El **índice** del final de un libro es útil cuando quieres saber en qué página puedes hallar la información que deseas.

Autobuses, 12, 16, 21–25
Automóviles, 3-7, 21–25, 52
Aviones, 42–46
Barcos, 62–67
Bicicletas, 23–26, 28
Camiones, 12–15, 21–23, 30–32
Ferrocarriles, 34–37
Transportes, véanse también medios concretos
   del futuro, 47–53
   historia, 30–39
   urbanos, 21–26

Usa la parte del índice de arriba para contestar las preguntas.

1. ¿En qué páginas hallarías información sobre barcos? _____

2. ¿En qué páginas hallarías información sobre camiones? _____

3. Si quisieras saber cómo eran los primeros medios de transporte que se usaron, ¿dónde mirarías? _____

4. ¿Dónde hallarías información sobre los transportes del año 2050? _____

5. ¿Dónde encontrarías información sobre trenes? _____

6. La información sobre camiones, ¿aparece antes o después de la información sobre aviones en el libro? _____

Para hacer en casa: Pida a los estudiantes que elijan cinco temas de un libro y luego busquen las páginas correspondientes en el índice.

Idea principal y detalles que la justifican

A veces, los autores exponen la **idea principal** y después dan **detalles** que la justifican. Otras, el lector tiene que decidir por sí mismo cuál es la idea principal.

Lee el párrafo. Después responde por escrito a las preguntas.

Los estadounidenses adoran los deportes, aunque la popularidad de algunos ha cambiado con el tiempo. Es el caso del fútbol: hace unos años, a pesar de ser enormemente popular en casi todos los países del mundo, en el nuestro era prácticamente desconocido. Hoy en día las cosas han cambiado: millones de jóvenes juegan al fútbol. También hay muchísima gente de todas las edades que acude a los estadios a presenciar los partidos, sigue por televisión las retransmisiones y admira a los más destacados jugadores. El fútbol, en definitiva, se ha convertido en uno de los deportes más populares de Estados Unidos.

1. ¿Cuál es la idea principal? _____

_____

2. Da un detalle que justifique la idea principal. _____

_____

3. ¿Qué otro detalle la justifica? _____

_____

Lee la afirmación siguiente. Después responde a la pregunta.

A los estadounidenses no les gusta el fútbol.

4. Según el párrafo inicial, ¿dirías que esta afirmación es verdadera o falsa?

_____

Para hacer en casa: Pida a los estudiantes que escriban un párrafo breve sobre el fútbol, con una idea principal y dos detalles que la justifiquen.

Hacer inferencias

> Los lectores hábiles buscan pistas en el texto para entender bien lo que pasa y lo que sienten los personajes. A esto se le llama **hacer inferencias.**

Lee el pasaje. Después haz inferencias para responder a las preguntas.

> Bruno se volvió en todas direcciones. Allá donde mirara, sólo había arena: millas de arena, nada más que arena. Incluso con el sombrero puesto, sentía como si el sol le quemara la cara. Notaba la camisa pegada al cuerpo y tenía los huesos doloridos tras la larga excursión en camello. Supo que, a pesar de la incomodidad, nunca iba a olvidar todo aquello. Tras una última mirada, levantó la mano para despedirse de las grandes pirámides.

Escribe la respuesta a cada pregunta.

1. ¿Dónde se encuentra Bruno? ¿Qué pistas te permiten saberlo?

_____

_____

2. ¿Hace frío o calor? ¿Cómo lo sabes? _____

_____

3. ¿Cómo tiene el cuerpo Bruno? ¿Cómo lo sabes? _____

_____

4. ¿Por qué se siente así? _____

_____

5. ¿Qué siente Bruno al mirar a su alrededor? _____

_____

_____

5 Libro 4/Unidad 1
El viaje de las focas

Para hacer en casa: Pida a los estudiantes que escriban sobre las inferencias que tuvieron que hacer para entender el argumento de uno de sus libros o películas favoritos.

20

Palabras con varios significados

Hay palabras que pueden significar varias cosas distintas. Si te fijas en la oración, sabrás con qué sentido se usa una palabra, por ejemplo: Victoria se *casa* con Iván el viernes. La fiesta se celebrará en *casa* de la novia.

Rodea con un círculo la letra correspondiente al significado correcto de la palabra subrayada.

1. La colonia de focas descansaba sobre el hielo.

   a. grupo de animales

   b. líquido perfumado

2. El auto se estacionó justo delante de la puerta.

   a. exactamente

   b. con justicia

3. Jaime puso las papas en un saco.

   a. bolsa grande

   b. prenda de vestir

4. Se me acababa el espacio para escribir y agarré otra hoja.

   a. lámina de papel

   b. parte de una planta

5. El cine está cerca de la casa de Anita.

   a. a poca distancia

   b. valla o tapia

6. Luisa tendió la toalla sobre la arena.

   a. envoltorio para enviar una carta

   b. encima de

Para hacer en casa: Pida a los estudiantes que elijan tres de estas palabras subrayadas y las usen en oraciones nuevas, con el segundo sentido que no se utilizó en las oraciones de esta página.

Libro 4/Unidad 1
El viaje de las focas

21

6

Problema y solución

> Muchas veces el argumento, o lo que ocurre en un cuento, consiste en que los personajes encuentren la **solución** a un **problema.** A veces, puede que los problemas sean más de uno.

Lee el texto. Después escribe los problemas que veas y su solución.

Sandra y Luisa se ofrecieron para ayudar a su equipo de fútbol. El equipo necesitaba un campo de entrenamiento y dinero para comprar uniformes nuevos.

De camino a casa de Luisa, Sandra pasó junto a un solar vacío. "¡Cuánta basura!" pensó al verlo lleno de latas y botellas. Cuando llegó a casa de Luisa, las muchachas hablaron de lo que podrían hacer por el equipo. Sandra, de pronto, se puso de pie.

—¡Ya está!—exclamó—. ¿Te has fijado en el solar de aquí al lado? Si lo limpiamos, servirá para los entrenamientos. El dueño es amigo de mis padres. Estoy segura de que nos dejará usarlo. Podemos devolver a la tienda las botellas y latas que recojamos y usar el dinero para los uniformes.

1. Problema 1: _____

2. Problema 2: _____

3. Solución de ambos problemas: _____

_____

_____

4. ¿Qué nuevos problemas pueden surgir a partir de la solución de las

muchachas? _____

_____

_____

4

Libro 4/Unidad 1
Abre la boca, ¡no me muerdas!

Para hacer en casa: Pida a los estudiantes que piensen en otras soluciones posibles para el problema de las muchachas.

22

Vocabulario

Completa las oraciones con palabras del vocabulario.

colmillos	reptiles	pacientes	tratamiento	saludable	ancha

1. Los médicos tratan a _____ con distintas enfermedades.

2. Una carretera es más _____ que un sendero.

3. Es muy _____ hacer ejercicio todos los días.

4. La serpiente cascabel tiene unos _____ venenosos.

5. Para curarnos de una enfermedad, el médico nos hace un _____.

6. Los cocodrilos, los caimanes y los lagartos son _____.

Comprensión de lectura

Escribe oraciones completas que respondan a las siguientes preguntas sobre "Abre la boca, ¡no me muerdas!".

1. ¿Qué clase de médico es el Dr. Kertesz? _____

_____

2. ¿A qué se dedica el Dr. Kertesz los viernes? _____

_____

3. ¿Cómo evita el Dr. Kertesz que los animales se enfurezcan? _____

_____

_____

4. ¿Con qué animales trabaja más cómodamente el Dr. Kertesz? _____

_____

5. ¿De qué les sirve a los animales el trabajo del Dr. Kertesz? _____

_____

Para hacer en casa: Pida a los estudiantes que preparen una lista de profesiones poco corrientes que ellos conozcan.

Libro 4/Unidad 1
Abre la boca, ¡no me muerdas!

23–24

5

Usar encabezamientos, pies de foto y columnas laterales

> Los **encabezamientos** aparecen en letras destacadas y nos ayudan a encontrar información. Los **pies de foto** y las **columnas laterales** nos dan más datos sobre el tema en cuestión.

Héroes de las águilas

Las águilas cabeciblancas, símbolo de nuestro país, son una especie protegida de la cual quedan pocos ejemplares. Por ello es importante la colaboración de todos para evitar que desaparezca.

Dos estudiantes son premiados por haber rescatado a un águila herida.

La alcaldesa Shirley Franklin entregó ayer a Malik Jackson, de 10 años, y Karin Coletti, de 9, los premios por su heroico rescate de un polluelo de águila cabeciblanca. Los dos estudiantes oyeron la llamada del ave herida, tendida en la hierba cerca de la parada del autobús, y llamaron de inmediato a la Sociedad Protectora de Animales.

1. ¿Quién aparece en la ilustración? _____

_____

2. ¿Cuál es el encabezamiento de este artículo? _____

_____

3. ¿Qué sección da información sobre las águilas cabeciblancas? _____

_____

4. ¿Qué hicieron los estudiantes cuando hallaron el polluelo? _____

_____

5. ¿Qué información da el pie de foto? _____

_____

Para hacer en casa: Pida a los estudiantes que recorten una foto de una revista, la peguen en una hoja de papel y escriban un encabezamiento, un pie de foto, una columna lateral y un texto principal a partir de ella.

Idea principal y detalles que la justifican

La **idea principal** de una selección o de una parte del texto es la idea más importante que el autor desea comunicarnos. Los **detalles que la justifican** dan más información sobre la idea principal.

Lee el texto y después completa el cuadro.

El elefante africano es el mayor de todos los animales terrestres. Mide 20 pies de largo y pesa más de 16,000 libras, es decir, pesa tanto como 4 camionetas o como 200 estudiantes de cuarto grado. Además de un cuerpo enorme, este animal tiene una larga trompa. La trompa es tan grande y tan fuerte que puede alzar y mover una carga de 2,000 libras. Los colmillos son dientes largos y curvos, pero no los usa para comer. Los elefantes tienen también grandes dientes en el fondo de la boca, llamados molares, que pueden alcanzar un pie de longitud.

1. **Idea principal:** _____

2. **Detalle:** _____

3. **Detalle:** _____

_____

4. **Detalle:** _____

5. Según lo que has leído, ¿es verdadera o falsa la afirmación siguiente? Las

   trompas son dientes largos que sirven para comer. _____

   _____

6. Escribe de nuevo la oración anterior para que sea correcta. _____

   _____

   _____

Para hacer en casa: Pida a los estudiantes que escriban más detalles que justifiquen la idea principal del párrafo.

Libro 4/Unidad 1
Abre la boca, ¡no me muerdas!

26

6

Palabras con varios significados

> Hay palabras que se escriben igual, pero que pueden tener **varios significados distintos**. Si te fijas en las pistas que te da la oración en que aparece una palabra, podrás averiguar su significado en ese caso concreto.

Rodea con un círculo la letra correspondiente al significado correcto de la palabra subrayada.

1. Juan no se quiere parar: sigue sentado.

   a. detener

   b. levantar

2. Matilde cargó el equipo de submarinismo en el auto.

   a. conjunto de materiales

   b. grupo de jugadores o de otras personas

3. Los bancos de la plaza eran largos y planos.

   a. llanos

   b. diagramas para hacer una casa

4. El tigre atrapó a su presa.

   a. víctima

   b. represa, muro que para el agua

5. Mamá afiló la hoja del cuchillo antes de cortar el asado.

   a. parte de una planta

   b. lámina de metal

6. He escrito en las dos caras del papel.

   a. partes delanteras de las cabezas

   b. lados

Para hacer en casa: Pida a los estudiantes que piensen en otras tres o cuatro palabras que tengan más de un significado posible.

Sinónimos y antónimos

Los **sinónimos** son palabras que tienen un significado muy parecido. Los **antónimos** son palabras que tienen el significado contrario.

Traza una línea que una cada oración con el sinónimo de la palabra subrayada.

1. Ernesto empezó a contarnos la historia.   sana

2. Los hipopótamos eran enormes.   médico

3. El terreno era completamente plano.   comenzó

4. Le pregunté al doctor si ya estaba curada.   gigantescos

5. En la granja había tres vacas y un puerco.   cerdo

6. Leticia mantiene una dieta muy saludable.   llano

Ahora, traza una línea que una cada oración con el antónimo de la palabra subrayada.

7. ¿Puedes cerrar la puerta?   pequeña

8. Esta casa es muy grande.   corto

9. Pasé por un pasillo ancho.   abrir

10. Fue el viaje más largo de mi vida.   detrás

11. Yo siempre he vivido en California.   estrecho

12. Sam estaba parado delante de la puerta.   nunca

Para hacer en casa: Pida a los estudiantes que lean una revista o un periódico y subrayen las palabras que puedan sustituir por un sinónimo o un antónimo.

28

Libro 4/Unidad 1
Abre la boca, ¡no me muerdas!

12

Repaso de vocabulario de la Unidad 1

A. Completa las oraciones con palabras del recuadro.

saludable adulto gemir velozmente hablador advertir

1. Para ver esta película, los niños tienen que ir acompañados de un

_____.

2. Juana ya no está enferma; se curó y ahora está muy

_____.

3. Le quise _____ que se llevara un paraguas, pero se me

olvidó decírselo y se mojó con la lluvia.

4. Cuando mi hermanito pequeño se cayó, se puso a llorar y a

_____ de dolor.

5. Vi que llegaba el autobús y corrí _____ hasta la parada.

6. Paco es muy _____; nunca está callado.

B. Completa el párrafo con las palabras del recuadro.

ancha reptiles colmillos asegurar

A mí me gustan las tortugas, las lagartijas y los _____ en

general, pero sobre todo me fascinan las serpientes. Un día vi en el zoo una

cobra de anteojos, que es una serpiente con la cabeza plana y

_____. Te puedo _____ que es muy

peligrosa: además de morder con los _____ y envenenar a su

presa, esta serpiente puede escupir su veneno a una distancia de dos metros.

Repaso de vocabulario de la Unidad 1

A. Lee cada pregunta. Usa una palabra del recuadro en tu respuesta.

guardería	pacientes	horizonte	tratamiento	acampar

1. Si estás en un barco, mirando a lo lejos donde se encuentran el mar y el cielo, ¿qué ves? _____

2. Si llevas una mochila, te vas a la montaña y montas una tienda para dormir, ¿qué haces? _____

3. ¿Dónde dejan los padres a los bebés cuando van a trabajar? _____
_____

4. ¿Cómo se llaman las personas que van a visitar al médico? _____
_____

5. Si el médico te da medicinas parar curarte, ¿qué hace? _____
_____

B. Lee las pistas siguientes y busca la palabra del vocabulario en la hilera de la sopa de letras.

brújula	estrenar	natal	acarrear	asignatura

1. transportar algo pesado   c a c a r r e a r h o t i z e l a r

2. materia que se estudia   o t a r i a s i g n a t u r a

3. aparato que sirve
para orientarse   c e n i c o b r ú j u l a

4. del lugar donde naciste   n a t a l s e l e n i f a c o l

5. usar por primera vez   s i n a m e s t r e n a r a r i c a n

Para hacer en casa: Pida a los estudiantes que vayan buscando palabras del vocabulario en los periódicos y las revistas que lean. Sugiera que hagan una lista de las oraciones en las que aparecen las palabras.

30

Libro 4/Unidad 1
Repaso
10

Hacer predicciones

Cuando pensamos por adelantado en lo que puede ocurrir o no ocurrir en un cuento, estamos **haciendo una predicción.**

Lee las oraciones. Marca con un círculo lo que piensas que va a ocurrir.

1. Anita le da a la cajera un billete de 10 dólares para pagar un boleto de cine, que cuesta 8.50. ¿Qué crees que hará Anita a continuación?

   a. buscar un buen asiento

   b. esperar a que le devuelvan el cambio

   c. comprar dulces

2. A Rogelio le encanta hacer ejercicio al aire libre. Hoy va a ir al cine, que está a una milla de su casa. ¿Cómo crees que irá hasta allí?

   a. andando

   b. tomará un autobús

   c. le pedirá a su mamá que le lleve en auto

3. Tina quiere comprar un CD especial para regalárselo a una amiga. El CD cuesta 16 dólares, y ella sólo tiene 10. ¿Qué crees que hará Tina?

   a. olvidar el problema del regalo

   b. buscar la forma de ganar el dinero que necesita

   c. comprar otro CD más barato

4. Nico acaba de acordarse de que mañana es la fiesta de cumpleaños de María. Sabe que hay una tienda que todavía estará abierta una hora. ¿Qué crees que hará Nico?

   a. no ir a la fiesta

   b. comprar el regalo después de la fiesta

   c. apresurarse a ir a la tienda

5. Penny ha decidido volver andando a casa, en lugar de tomar el autobús. Pero cuando lleva recorrida una cuadra, se pone a llover. ¿Qué crees que hará Penny?

   a. seguirá andando hasta su casa

   b. llamará a una amiga para que la lleve en auto

   c. dará la vuelta y tomará el autobús

Libro 4/Unidad 2
La tarta de miel
5

Para hacer en casa: Invite a los estudiantes a que vean uno de sus programas favoritos de TV. Pídales que predigan lo que ocurrirá en él después de la primera pausa de publicidad.

31

Vocabulario

Completa las oraciones con palabras del recuadro.

desilusionar	amable	inspiración	convidar	pasmado	bondad

1. Cuando le digas a María que no puedes ir a su fiesta, se va a

_____ mucho.

2. Miguel se quedó _____ cuando descubrió que había ganado el concurso.

3. El paisaje del desierto me sirve de _____ para pintar mis cuadros.

4. Mamá, ¿puedo _____ a mis amigos a merendar esta tarde?

5. La maldad es lo contrario de la _____.

6. Le agradezco mucho el favor, Sr. Ochoa. Es usted muy _____.

Revisión 33

Comprensión de lectura

Marca con ✔ cada afirmación verdadera respecto a "La tarta de miel". Si lo deseas, puedes consultar el cuento.

_____ **1.** Buu y Peluso eran buenos amigos.

_____ **2.** Peluso fue a casa de Buu.

_____ **3.** Peluso secó a Buu con una toalla.

_____ **4.** Peluso preparó patatas con chocolate.

_____ **5.** Buu no había traído nada para comer.

_____ **6.** Peluso y Buu comieron tarta de miel y la pasaron muy bien.

Para hacer en casa: Pida a los estudiantes que piensen en dos detalles más de "La tarta de miel".

32–33

Libro 4/Unidad 2
La tarta de miel 6

Usar un diccionario

Un **diccionario** es un libro que contiene palabras por orden alfabético con la siguiente información sobre cada una:

• su significado o significados;

• qué parte de la oración es y, si es un sustantivo, su género (femenino o masculino);

a veces se incluyen divisiones en sílabas, oraciones de muestra, sinónimos e incluso ilustraciones.

Consulta la siguiente parte de un diccionario para responder a las preguntas.

pastilla *sustantivo femenino* **1.** Porción de una pasta, hecha con distintos materiales, generalmente en forma redonda o cuadrada. *Se está acabando la pastilla de jabón.* **Sinónimo:** tableta **2.** Porción de una medicina, normalmente en forma redondeada. *Mi mamá me dio una pastilla para bajarme la fiebre.* **Sinónimos:** píldora, comprimido

pegajoso *adjetivo* Que se pega con facilidad. *Después de comerme una naranja, tenía las manos pegajosas.*

1. ¿Cuáles son los dos significados de *pastilla*? _____

_____

2. ¿Qué otras palabras significan *porción de medicina*? _____

_____

3. En "La tarta de miel", Peluso derritió una pastilla de chocolate. ¿Qué sentido tiene en el cuento *pastilla*, el primero o el segundo del diccionario?

_____

4. ¿De qué género es el sustantivo *pastilla*? _____

5. ¿Qué parte de la oración es la palabra *pegajoso*? _____

_____

6. ¿Qué *significa pegajoso*? _____

---

6 Libro 4/Unidad 2
La tarta de miel

Para hacer en casa: Pida a los estudiantes que dibujen una pastilla de jabón y una pastilla de medicina, escribiendo debajo la palabra que define a ambas.

34

Hacer predicciones

Muchas veces, si te fijas en las pistas que te da el autor de un cuento, puedes **hacer predicciones** respecto a lo que sucederá al final. Para hacer predicciones debes fijarte tanto en los sucesos del cuento como en la forma de ser de los personajes.

> El Sr. Benson era fácil de convencer. Siempre que oía hablar de un nuevo descubrimiento o una nueva teoría, se quedaba fascinado, pensando que podía ser la solución para muchos problemas. Un día leyó un artículo sobre las ventajas de comer pescado para reforzar la memoria y la inteligencia.
>
> Al Sr. Benson le gustaba cocinar, y se compró un libro de recetas de pescado. A su familia no le gustaba mucho comer pescado, pero el Sr. Benson quería que estuvieran muy bien alimentados y que sus hijos tuvieran la mente siempre aguda para los estudios.

1. ¿Qué crees que hará el Sr. Benson? _____

2. ¿Cómo crees que reaccionará la familia? _____

_____

3. ¿Qué crees que sucederá cuando el Sr. Benson vea la reacción de su

familia? _____

_____

Ahora, lee otro párrafo del cuento del Sr. Benson y piensa en cómo podría cambiar tus predicciones.

> El Sr. Benson practicó varios platos antes de presentárselos a su familia. Era un cocinero excelente y conseguía combinar los ingredientes de tal modo que el resultado siempre era delicioso.

4. ¿Cuál es tu nueva predicción respecto a la reacción de la familia? _____

_____

_____

Para hacer en casa: Pida a los estudiantes que piensen en la forma de ser y los intereses de un hermano o amigo. A continuación harán predicciones respecto a lo que hará esa persona cuando sea mayor.

Libro 4/Unidad 2
La tarta de miel
4

Hacer generalizaciones

> Una **generalización** es una afirmación muy amplia. Puede referirse a muchas personas o a muchas cosas.

Lee los párrafos siguientes. Marca con ✔ cada generalización que puedas hacer a partir de la información del párrafo.

El braille es un sistema de lectura y escritura utilizado por los ciegos. Se llama así en honor de Louis Braille, su inventor. La idea se le ocurrió cuando observó un sistema que se utilizaba para enviar en clave mensajes militares mediante puntos resaltados marcados en cartón. Situando estos puntos resaltados en diferentes posiciones, Braille ideó un alfabeto, un sistema de signos de puntuación, y una notación musical que las personas ciegas podían leer con sólo pasar sobre esos puntos las yemas de los dedos. El sistema Braille no fue aceptado enseguida, pero ahora, sin embargo, es utilizado en todos los idiomas escritos.

_____ **1.** Todo el mundo aceptó inmediatamente el sistema Braille.

_____ **2.** El braille es utilizado en todos los idiomas escritos.

_____ **3.** No hay ningún sistema para que los ciegos lean música.

Tener una mascota puede ser una experiencia enriquecedora. Sin embargo, la elección de una mascota ha de hacerse con cuidado. Por ejemplo, un perro grande no sería muy feliz en un apartamento pequeño. Un pájaro o un pez podría ser una elección adecuada si se desea una mascota a la que no haya que sacar a pasear o con la que jugar. Quienes no puedan o no quieran ser responsables de una mascota harán bien en no tenerla. Una mascota es un ser vivo que debe ser querido y cuidado.

_____ **4.** Poseer una mascota es una responsabilidad.

_____ **5.** Sólo hay un tipo de mascota adecuado para cada persona.

_____ **6.** Para elegir una mascota siempre tienes que pensar bien cómo encajará en tu casa y en tu vida.

Claves de contexto

Cuando te encuentras con una palabra que no conoces, puedes fijarte en las demás palabras y oraciones que la rodean, es decir, en el **contexto** en el que aparece. Esas otras palabras y oraciones te pueden dar claves para descubrir el significado de la palabra desconocida.

En cada una de las oraciones siguientes, rodea con un círculo la letra correspondiente al sentido correcto de la palabra subrayada.

1. Los batautos son verdes y viven en las selvas americanas, en África y en Marte.

   a. unos seres imaginarios   **b.** unos ratones en peligro de extinción

2. A Peluso le dolía la espalda porque tenía reuma.

   a. un tipo de comida   **b.** una enfermedad

3. Había migas de pan incrustadas en el tejido de la alfombra.

   a. metidas   **b.** volando

4. Buu se acercó al fuego tiritando de frío.

   a. temblando   **b.** sudando

5. Peluso puso el chocolate en una olla y lo derritió al fuego.

   a. comió   **b.** fundió

6. Cuando oí el estallido, me tapé las orejas para protegerme los tímpanos.

   a. una parte del oído   **b.** una parte de la boca

Para hacer en casa: Pida a los estudiantes que indiquen qué claves de las oraciones los ayudaron a averiguar el significado de las palabras subrayadas.

37

Libro 4/Unidad 2
La tarta de miel
6

Orden de los sucesos

El **orden de los sucesos** es la secuencia en que van pasando las cosas. Ciertas palabras, como *antes, primero* y *después* pueden ayudarte a saber en qué orden ocurren.

Lee el texto. En cada pregunta, rodea la letra que corresponda a la respuesta.

Teo ganó el maratón con 10 minutos sobre el segundo, pero le costó mucho trabajo. Antes de empezar su preparación, leyó varios artículos sobre técnicas de entrenamiento. Primero empezó a correr distancias cortas. Después fue aumentando el número de millas que recorría cada semana. Al cabo de 4 meses, Teo corrió medio maratón, que son 13 millas. Aunque perdió su primera carrera, siguió entrenando otros 8 meses, hasta estar preparado para un maratón completo.

1. ¿Cuál de estos sucesos ocurrió antes?

   a. Teo ganó el maratón.

   b. Empezó a correr distancias cortas.

   c. Leyó sobre técnicas de entrenamiento.

2. ¿Cuál de estos sucesos ocurrió en último lugar?

   a. Teo siguió entrenando otros 8 meses.

   b. Ganó el maratón.

   c. Corrió medio maratón.

3. ¿Qué hizo Teo justo después de leer sobre técnicas de entrenamiento?

   a. Aumentó el número de millas que corría cada semana.

   b. Corrió medio maratón.

   c. Empezó a correr distancias cortas.

4. ¿Qué hizo Teo después de perder el medio maratón?

   a. Siguió entrenando otros 8 meses.

   b. Leyó sobre técnicas de entrenamiento.

   c. Aumentó el número de millas que corría cada semana.

Para hacer en casa: Pida a los estudiantes que describan cinco cosas que hicieron durante el día, escribiéndolas en el orden en que ocurrieron.

Vocabulario

Sustituye las palabras subrayadas por palabras del recuadro.

maloliente	abultado	arrugar	neblina	menear	chillón

1. El avión no pudo aterrizar debido a la niebla que envolvía el aeropuerto.

_____

2. La alarma de incendios soltó un ruido muy fuerte y agudo. _____

3. Dentro del refrigerador había un viejo sándwich que olía mal. _____

4. El perro, contento, se puso a mover la cola. _____

5. El bolsillo parecía hinchado por todas las monedas que llevaba.

_____

6. Pedro agarró el papel lleno de arrugas y lo alisó con la mano. _____

Comprensión de lectura   **Revisión** 40

Rodea con un círculo las palabras que completen correctamente las siguientes oraciones sobre "Sólo un sueño". Puedes consultar el cuento si necesitas ayuda.

1. El deseo con el que empezó el viaje de Walter en el sueño fue _____.

    a. vivir en el futuro   **b.** vivir en el pasado

2. Al principio del cuento, Walter _____.

    a. no quería tirar papeles en la calle   **b.** no quería clasificar la basura

3. Cuando Walter se durmió, soñó con un mundo _____.

    a. sucio y ruidoso   **b.** hermoso y limpio

4. Los sueños de Walter le hicieron cambiar su forma de _____.

    a. limpiar su cuarto   **b.** ver el medio ambiente

Para hacer en casa: Pida a los estudiantes que vuelvan a contar "Sólo un sueño" usando sus propias palabras.

39–40

Libro 4/Unidad 2
Sólo un sueño

4

Usar un diccionario de sinónimos

Un **diccionario de sinónimos** es un libro que contiene sinónimos de palabras. Si quieres que los textos que escribes resulten más interesantes y variados, puedes usar un diccionario de sinónimos.

Consulta los siguientes fragmentos de un diccionario de sinónimos. Elige el sinónimo que mejor te sirva para sustituir las palabras subrayadas.

> **basura** sustantivo femenino. **1.** Ahora pasa el camión de la *basura.*
> *Sinónimos:* desechos, desperdicios, bazofia, cochambre, escombro
> **2.** El experto dijo que las teorías de este artículo eran pura *basura.*
> *Sinónimos:* bobadas, tonterías, pavadas, estupideces

> **brillante** adjetivo **1.** He limpiado el jarrón y ahora está *brillante.*
> *Sinónimos:* reluciente, resplandeciente, luminoso
> sustantivo masculino **2.** Le han regalado un anillo de *brillantes.*
> *Sinónimo:* diamante

> **limpiar** verbo **1.** Los voluntarios nos ayudaron a *limpiar* el parque.
> *Sinónimos:* lavar, fregar, barrer, pulir, depurar

1. Nora no hizo caso del programa, porque pensó que lo que decía era basura.

    a. tonterías   **b.** desperdicios

2. Julián limpió el suelo de la cocina.

    a. depuró   **b.** fregó

3. La gran joya del Palacio Frantín es la corona de brillantes.

    a. diamantes   **b.** luminosos

4. Los bordes del río se habían llenado de basura.

    a. desechos   **b.** estupideces

5. Tuvimos que limpiar el auto porque estaba sucio.

    a. lavar   **b.** fregar

Libro4/Unidad 2
Sólo un sueño
5

Para hacer en casa: Pida a los estudiantes que expliquen por qué eligieron *desperdicios* en lugar de *tonterías* en la primera respuesta.

41

Orden de los sucesos

Siguiendo el **orden,** es decir, la secuencia en que van pasando las cosas, entenderás mejor los cuentos y te gustarán más. Para identificar el orden, busca palabras que te den pistas sobre el momento en que ocurre cada suceso.

Lee el cuento y las oraciones siguientes. Al lado de cada una, escribe un número del 1 al 8 que indique el orden en que ocurrieron los sucesos.

¡El salón estaba hecho un desastre! Cuando la Sra. Ayuso llegó a casa, no se podía creer que Santi y Gloria lo hubieran limpiado esa misma tarde. Y lo cierto es que lo habían hecho. Desgraciadamente, justo después de limpiar ocurrió el primer accidente: Sultán se subió a la mesa y derribó la maceta. Eso provocó el segundo accidente: cuando Santi quiso pasar la aspiradora, la bolsa del polvo reventó y la tierra de la maceta y el polvo se esparcieron por todo el piso. Entonces, Gloria se resbaló y se le cayó al suelo el jarrón que llevaba en las manos. Pocos segundos después, la Sra. Ayuso entraba por la puerta.

_____ A Gloria se le cayó un jarrón.

_____ La Sra. Ayuso entró.

_____ Santi y Gloria limpiaron el salón.

_____ La bolsa de la aspiradora reventó.

_____ Sultán derribó la maceta.

_____ Santi quiso limpiar el piso con la aspiradora.

_____ Sultán se subió a la mesa.

_____ Gloria se resbaló.

Para hacer en casa: Pida a los estudiantes que piensen en algunos sucesos de "Sólo un sueño" y que los enumeren en el orden en que ocurrieron.

42

Libro 4/Unidad 2
Sólo un sueño
8

Hacer generalizaciones

> Una **generalización** es una afirmación amplia basada en una serie de datos o de hechos.

Lee las oraciones siguientes. Rodea con un círculo la letra correspondiente a la generalización que se pueda hacer a partir de esa información.

1. Mark juega al béisbol de abril a septiembre y al fútbol de octubre a diciembre. Sin embargo, le gusta jugar al básquetbol todo el año.

   a. A Mark le gustan muchos deportes.

   b. Mark prefiere el básquetbol al fútbol.

   c. Mark quiere ser jugador profesional de baloncesto.

2. Cada día, después de la escuela, Paula pasea a los perros de sus vecinos. Los fines de semana cuida niños. También hace mandados por dinero.

   a. Paula gasta mucho dinero.

   b. Cuando no está en la escuela, Paula no hace casi nada.

   c. Paula es una muchacha muy trabajadora.

3. Mientras yo contaba una historia de miedo, Onida bostezó. Las películas de terror le dan risa, y si su mamá la dejase, pilotaría un avión.

   a. Onida no le tiene miedo a nada.

   b. A Onida le gusta el cine.

   c. Onida tiene miedo de muchas cosas.

4. El Sr. Sui se construyó su propia computadora. Después instaló un sistema de alarma en su casa. También me arregló mi reloj roto.

   a. El Sr. Sui rompe muchas cosas.

   b. El Sr. Sui pasa mucho tiempo en casa.

   c. El Sr. Sui es muy hábil con las cosas mecánicas.

Para hacer en casa: Pida a los estudiantes que escriban algunos datos sobre sí mismos y que usen esa lista para hacer generalizaciones.

Palabras compuestas

> Cuando se juntan dos palabras para formar una sola, se obtiene una
> **palabra compuesta.** Normalmente, las partes que la componen te
> ayudarán a saber qué significa.

Lee las siguientes palabras. Indica cuáles son las dos partes de cada una
y el significado que tiene como palabra compuesta. Puedes consultar un
diccionario si necesitas ayuda.

cuentagotas

1. Palabra 1: _____

2. Palabra 2: _____

3. Significado: _____

cumpleaños

4. Palabra 1: _____

5. Palabra 2: _____

6. Significado: _____

rascacielos

7. Palabra 1: _____

8. Palabra 2: _____

9. Significado: _____

cubrecama

10. Palabra 1: _____

11. Palabra 2: _____

12. Significado: _____

Para hacer en casa: Pida a los estudiantes que separen las partes
que forman las palabras compuestas *quitanieves, marcapasos* y
buenaventura y que busquen su significado en el diccionario.

Libro 4/Unidad 2
Sólo un sueño

44

12

Hacer predicciones

El título puede ayudarte a **predecir** de qué trata un cuento o historia.

Lee cada título. Lee después las predicciones. Marca con ✔ la predicción del tema del que crees que trata.

1. "Mi vida en el escenario"

   _____ una historia de las salas de cine

   _____ la vida de un actor

   _____ la vida de un atleta

2. "Hasta la cumbre"

   _____ alpinismo

   _____ construcción de juguetes

   _____ exploración del mar

3. "Recorriendo las vías"

   _____ un viaje en tren

   _____ un viaje en avión

   _____ un viaje por carretera

4. "Bajo las olas"

   _____ un piloto de avión

   _____ un explorador de cuevas

   _____ una exploradora del mar

5. "Algo que celebrar"

   _____ matemáticas

   _____ cuidado de mascotas

   _____ fiestas

5 | Libro4/Unidad 2
El béisbol nos salvó

Para hacer en casa: Tome el título de un cuento, un libro o una película poco conocidos, y pida a los estudiantes que predigan de qué puede tratar.

45

Vocabulario

interminable	zanja	conversar	destelló	meta	equipo

1. Me gusta _____ con mis amigos y saber qué opinan.

2. Una estrella fugaz _____ en el cielo.

3. Mañana se reúnen todos los miembros del _____.

4. El discurso me pareció _____; creía que nunca iba a acabar.

5. Si hago un esfuerzo, conseguiré alcanzar mi _____.

6. Los obreros cavaron una _____ para instalar los nuevos conductos de gas bajo tierra.

Revisión 47

Comprensión de lectura

Responde a las preguntas sobre "El béisbol nos salvó".

1. ¿Por qué fueron enviados a un campo del gobierno el muchacho y su familia?

_____

2. ¿Por qué decidió el papá del muchacho construir un campo de béisbol?

_____

_____

3. ¿Por qué se enfureció el muchacho con el guardia de la torre?

_____

_____

4. Después de salir del Campo, ¿de qué le sirvió el béisbol al muchacho?

_____

_____

Para hacer en casa: Pida a los estudiantes que usen tres palabras del vocabulario para contar una historia.

46–47

Libro 4/Unidad 2
El béisbol nos salvó

4

Usa una enciclopedia

Una **enciclopedia** es un conjunto de libros con artículos sobre personas, lugares, cosas, sucesos e ideas. Los artículos, bajo sus correspondientes palabras clave, aparecen por orden alfabético en volúmenes o tomos.

Enciclopedia	Enciclopedia	Enciclopedia	Enciclopedia	Enciclopedia	Enciclopedia	Enciclopedia	Enciclopedia	Enciclopedia	Enciclopedia	Enciclopedia	Enciclopedia	Enciclopedia	Enciclopedia	Enciclopedia	Enciclopedia	Enciclopedia	Enciclopedia	Enciclopedia	Enciclopedia	Enciclopedia	Índice
A	B	C-Ch	Ci-Cu	D	E	F	G	H	I	J-K	L	M	N-Ñ	O-P	Q-R	S-Se	Si-Su	T	U-V	W-Z	
1	2	3	4	5	6	7	8	9	10	11	12	13	14	15	16	17	18	19	20	21	22

Consulta esta enciclopedia para responder a las preguntas.
¿En qué tomo buscarías

1. un artículo sobre Japón? _____

2. más información sobre Tokio, la capital de Japón? _____

3. un artículo sobre la historia de Estados Unidos? _____

4. información sobre Franklin Delano Roosevelt? _____

5. una fotografía del Monumento a Washington? _____

Piensa en tres temas sobre los cuales te gustaría buscar información. ¿Por qué palabra clave los buscarías? ¿En qué tomos podrías encontrarlos?

6. _____

7. _____

8. _____

Libro4/Unidad 2
El béisbol nos salvó

Para hacer en casa: Pida a los estudiantes que traten de buscar alguno de los temas de esta página en una enciclopedia en casa o en la biblioteca.

Hacer predicciones

Puedes fijarte en las pistas que te da el texto para **predecir** lo que pasará después.

Lee cada cuento. Después responde a las preguntas.

Emilia siempre había sido tímida, pero su timidez empeoró cuando su familia se trasladó de ciudad. Procuraba no hablar con las personas que se encontraba. Nunca alzaba la mano en clase y al acabar la escuela se iba derecha a casa, sola.

Emilia llevaba cinco semanas en la escuela y aún no tenía amigos. Sin embargo, un día en que estaba sentada sola en una mesita de la cafetería, vio que tres muchachas se dirigían hacia su mesa.

1. ¿Qué crees que hará Emilia? _____

_____

2. ¿Por qué? _____

_____

A Felicia le gustaba su casa de la ciudad, pero a veces echaba de menos la casa de la playa. De niña, había pasado allí veranos inolvidables. Cuando sus abuelos vendieron la casa, a Felicia le dio muchísima pena.

Un día, Felicia vio que la casa de la playa estaba en venta. Había ahorrado suficiente dinero para poder comprarla. No tenía intención de cambiar de casa, pero aun así, se sentía más feliz de lo que había sido en varios meses.

3. ¿Qué crees que hará Felicia? _____

_____

4. ¿Por qué? _____

_____

Para hacer en casa: Pida a los estudiantes que lean el primer párrafo de un cuento y luego digan lo que creen que ocurrirá.

Libro 4/Unidad 2
El béisbol nos salvó

49

4

Hacer generalizaciones

Una **generalización** es una conclusión general que se saca a partir de una serie de datos concretos.

Presta atención a la información siguiente y luego completa las generalizaciones.

El Grupo Pedrosa construye edificios en todo el estado. Posee 13 edificios de oficinas y 13 centros comerciales. El Grupo posee también un edificio de apartamentos. La compañía lleva 26 años en el negocio.

1. El Grupo Pedrosa es una compañía sólida que construye edificios _____

_____

2. El Grupo Pedrosa es una constructora que ha sido respetada por otras

empresas durante _____

Dicen que Marina del Sol es un paraíso. De día, la temperatura está casi siempre entre 70°F y 80°F, excepto en enero y febrero, cuando es más fresca. El mes pasado sólo hubo seis días de lluvia y en la mayoría de los meses llueve menos todavía. Si te gusta el sol y la brisa del mar, empaca tus valijas y ven a Marina del Sol.

3. La temperatura en Marina del Sol casi nunca es _____

_____

4. En Marina del Sol, llueve _____

_____

4 | Libro4/Unidad 2
El béisbol nos salvó

Para hacer en casa: Pida a los estudiantes que anoten datos sobre la ciudad en la que viven y que hagan después algunas generalizaciones.

50

Palabras compuestas

Las **palabras compuestas** contienen dos palabras unidas en una sola. Normalmente puedes entender el significado de la palabra compuesta si te fijas en el sentido de las dos palabras que la componen.

Forma palabras compuestas uniendo palabras del recuadro con las palabras numeradas. Luego escribe oraciones con las palabras compuestas.

| latas | manos | brisas | polvo | fiestas | puntas | nueces |

1. saca _____

_____

2. agua _____

_____

3. casca _____

_____

4. guarda _____

_____

5. lava _____

_____

6. para _____

_____

7. abre _____

_____

Para hacer en casa: Pida a los estudiantes que formen palabras compuestas con las palabras siguientes: *limpia, corta, mal.*

Libro 4/Unidad 2
El béisbol nos salvó 7

51

Causa y efecto

Si nos fijamos en las relaciones de **causa** y **efecto,** nos será más fácil entender lo que leemos y disfrutar de ello.

Lee el texto. Después completa la tabla con las causas y los efectos que faltan.

Todas las mañanas, Richard daba la vuelta entera al rancho a caballo. Un día que pasaba junto a la verja, se encontró con un perro dormido; alguien se había dejado la verja abierta y el animal había entrado.

El perro no llevaba collar ni nada que lo identificara. Richard llamó a sus vecinos y a la perrera local, pero nadie tenía noticias de un perro perdido. A Richard acabó por darle pena y decidió quedárselo.

Al principio, el animal estaba muy débil. Seguramente habría pasado varios días sin comer, dando vueltas sin rumbo. Richard le dio comida, lo bañó y empezó a encariñarse con él. Al cabo de unas semanas, el animal corría de acá para allá persiguiendo pájaros. Richard decidió llamarlo Pajarero.

Efecto (lo que sucedió)	Causa (por qué sucedió)
1. _____ _____	Alguien se dejó la verja abierta.
2. _____ _____	Richard quería averiguar a quién pertenecía el perro.
3. Richard decidió quedarse con el perro.	_____ _____
4. El perro estaba muy débil.	_____ _____
5. Richard decidió llamarlo Pajarero.	_____ _____

4 Libro 4/Unidad 2
¿Desaparecerá su lengua materna?

Para hacer en casa: Pida a los estudiantes que identifiquen algunos efectos de una tormenta muy fuerte.

52

Vocabulario

Sustituye las palabras subrayadas por palabras del vocabulario.

siglo	generación	comunicar	extinta	raíces	materna

1. Mi tío y yo somos de <u>edades</u> distintas. _____

2. Quiero saber más sobre los <u>orígenes</u> de mi cultura._____

3. La estatua estuvo enterrada durante un <u>periodo de cien años</u>. _____

4. La lengua que <u>aprendí de niña</u> es la que hablo mejor. _____

5. Te quiero <u>transmitir</u> una noticia importante. _____

6. He visto un dibujo de un pájaro bobo, una especie <u>desaparecida</u>.

_____

⬜/6

Comprensión de lectura

Escribe **Verdadero** o **Falso** al lado de cada afirmación sobre "¿Desaparecerá su lengua materna?". Si lo deseas, puedes consultar el artículo.

_____ **1.** No poder comunicarse con los demás hace que la gente se sienta sola.

_____ **2.** Todos los niños indígenas americanos hablan la lengua de su pueblo.

_____ **3.** Aún quedan personas que hablan la lengua choctaw.

_____ **4.** Los idiomas pueden correr peligro o extinguirse.

_____ **5.** Muchos jóvenes indígenas no valoran la lengua de sus antepasados.

_____ **6.** El Fondo de las Lenguas en Peligro publica libros en lenguas que se están perdiendo.

Para hacer en casa: Pida a los estudiantes que escriban un cuento corto usando al menos cuatro palabras del vocabulario.

53–54

Libro 4/Unidad 2
¿Desaparecerá su lengua materna?

⬜/6

Hacer una entrevista

> Las **entrevistas** son diálogos en los que se formulan preguntas a una persona para pedirle información.

He aquí palabras que debes recordar cuando prepares una entrevista.

> **Palabras clave para hacer una entrevista:**
>
> **Propósito**
>
> **Preparación**
>
> **Preguntas:** *¿Quién? ¿Qué? ¿Dónde? ¿Cuándo? ¿Por qué? ¿Cómo?*
>
> **Escuchar**
>
> **Tomar notas**

Una famosa campeona olímpica de patinaje va a visitar tu escuela. Has sido elegido para entrevistarla en una asamblea escolar. Responde a las preguntas siguientes acerca de tu entrevista con la patinadora.

1. ¿Cómo empezarías la entrevista? _____

_____

2. ¿Qué propósito tendría la entrevista? _____

_____

_____

3. Escribe tres preguntas que podrías hacer en la entrevista. _____

_____

_____

4. Si la patinadora mencionara los saltos y giros que ejecuta, pero no comprendieras las palabras técnicas del patinaje, ¿qué harías? _____

_____

_____

4 Libro 4/Unidad 2
¿Desaparecerá su lengua materna?

Para hacer en casa: Pida a los estudiantes que piensen en alguien a quien les gustaría entrevistar, y en cuatro preguntas para esa entrevista.

55

Hacer generalizaciones

Cuando leemos, muchas veces podemos hacer **generalizaciones,** es decir, afirmaciones amplias sobre los datos que nos da el texto.

Lee los párrafos siguientes. Pon la marca ✔ al lado de las generalizaciones que puedas hacer a partir de lo que lees.

En el Centro Comercial Las Américas se puede comprar en PantaSolos, en la Factoría del Abrigo, en Medias Top, en Deportes Más, en De pies a cabeza y en MegaJeans. También se puede ir a la Bocatería y al puesto de helados ConCrema. Al lado de ConCrema está el cajero automático del Banco Principal.

_____ **1.** En Las Américas no hay mucha variedad de comida.

_____ **2.** El Centro Comercial Las Américas no ofrece servicios bancarios.

_____ **3.** La mayoría de las tiendas de Las Américas vende ropa.

Los lunes y los miércoles por la tarde, Nadia tiene lección de piano. Los jueves por la tarde canta en un coro. Los viernes, sábados y domingos practica el piano dos horas diarias. El martes por la tarde toma lecciones de tenis.

_____ **4.** Nadia no dedica tiempo a los deportes.

_____ **5.** La música es muy importante en la vida de Nadia.

_____ **6.** La mamá de Nadia la obliga a tomar lecciones de música.

Para hacer en casa: Pida a los estudiantes que expliquen por qué las afirmaciones 2, 4 y 6 no son generalizaciones válidas.

56

Libro 4/Unidad 2
¿Desaparecerá su lengua materna?
6

Palabras compuestas

> Cuando se juntan dos palabras para formar una sola, se dice que la nueva es una **palabra compuesta.**

Rodea con un círculo la palabra compuesta de cada oración. Después, escribe por separado las dos palabras que la componen. Por último, escribe el significado de la palabra compuesta. Puedes consultar el diccionario si lo necesitas.

1. La expedición se dirigía hacia el polo Norte en un rompehielos.

   Partes de la palabra: _____ + _____

   Significado: _____

2. Después de nuestro ataque, las naves espaciales del planeta enemigo nos contraatacaron.

   Partes de la palabra: _____ + _____

   Significado: _____

3. Apenas le vi la cara porque estaba a contraluz delante de una ventana.

   Partes de la palabra: _____ + _____

   Significado: _____

4. El domingo por la mañana, Juan estuvo haciendo los pasatiempos del periódico.

   Partes de la palabra: _____ + _____

   Significado: _____

5. México, Estados Unidos y Canadá son países norteamericanos.

   Partes de la palabra: _____ + _____

   Significado: _____

5 Libro 4/Unidad 2
¿Desaparecerá su lengua materna?

Para hacer en casa: Pregunte a los estudiantes si las palabras *papá* y *calma* son compuestas. Pídales que expliquen por qué lo son o no.

57

Claves de contexto

> Cuando leas una palabra que no conozcas, fíjate en las palabras y las oraciones que la rodean. Así usarás las **claves de contexto** para tratar de averiguar qué significa.

Rodea con un círculo la letra correspondiente al significado de la palabra subrayada.

1. Si quieres, puedes echarte una siesta: hay una <u>hamaca</u> muy cómoda colgada entre los dos árboles del jardín.

    a. cama colgante de tela o cuerda   **b.** red para cazar mariposas

2. En invierno, algunos inuits duermen en <u>iglús</u> hechos con bloques de nieve.

    a. trampas para animales   **b.** refugios

3. En esa zona había mucha <u>ganadería</u>; casi todas las familias tenían vacas y ovejas.

    a. cría de animales   **b.** cultivo de plantas

4. Gero se quitó las botas y se puso unas <u>babuchas</u> que le había traído su tío de Egipto.

    a. calzado típico del norte de África   **b.** pastel de leche y almendras

5. Hay indígenas americanos que siguen viviendo en <u>wigwams</u> hechos de palos y pieles o cortezas de árbol.

    a. casas   **b.** sistemas de transporte

6. Los <u>trineos</u> son alargados para deslizarse mejor por las pendientes nevadas.

    a. vehículos para transporte
    por carretera   **b.** vehículos para desplazarse
    por la nieve

58

Para hacer en casa: Pida a los estudiantes que indiquen qué claves del contexto los ayudaron a decidir cuál era el significado correcto de *ganadería* y de *wigwams*.

Libro 4/Unidad 2
¿Desaparecerá su lengua materna?
6

Repaso de vocabulario de la Unidad 2

A. Completa las oraciones con palabras del recuadro.

arrugó	conversar	materna	destellaba

1. La lengua _____ de Sabine es el francés.

2. La luz _____ en las ventanas del edificio.

3. José _____ la carta y la tiró a la basura.

4. Me gusta _____ con mi prima y contarle cosas.

B. Lee las preguntas siguientes. Para escribir tus respuestas, elige palabras del vocabulario.

raíces	siglo	maloliente	meta

1. ¿De qué otro modo podrías decir que una cosa huele mal? _____

_____

2. ¿Cómo se llama un periodo de cien años? _____

_____

3. ¿Adónde llegan los atletas al final de una carrera? _____

_____

4. ¿Qué palabra se usa para describir el lugar y la cultura de origen de una

persona? _____

_____

8 Libro 4/Unidad 2
Repaso

Para hacer en casa: Pida a los estudiantes que busquen estas palabras del vocabulario en revistas y copien las oraciones en las que aparecen.

59

Repaso de vocabulario de la Unidad 2

A. Completa el crucigrama con las palabras del vocabulario.

comunicar	desilusionar	amable	convidar	bondad	interminable

Horizontales

1. que nunca se acaba

2. de trato agradable

3. transmitir información

Verticales

4. lo contrario de maldad

5. quitar la ilusión

6. invitar

B. Escribe las palabras correctas en los espacios en blanco.

chillón	inspiración	equipo	menear

El público que llenaba el estadio esa tarde era especialmente

1. _____: gritaba todo el rato para animar a su

2. _____. El bateador estaba nervioso; esperando que

el lanzador se preparara, no paraba de **3.** _____ el bate

de un lado a otro, sin poder estarse quieto. Por fin, cuando el lanzador tiró

la pelota, el bateador tuvo un momento de **4.** _____

e hizo la mejor jugada de toda la temporada.

Para hacer en casa: Pida a los estudiantes que usen tres palabras de esta página para escribir un cuento sobre un deporte.

60

Libro 4/Unidad 2
Repaso
10

Evaluar hechos y opiniones

Un **hecho** es una afirmación que se puede demostrar. Una **opinión** expresa algo que una persona cree, pero que tal vez no pueda ser demostrado.

Lee cada texto. Escribe luego ejemplos de hechos y de opiniones tomados de lo que has leído.

En Estados Unidos, el gobierno se compone de tres poderes. El poder legislativo corresponde al Congreso, que está compuesto por el Senado y la Cámara de Representantes. El poder judicial está encabezado por la Corte Suprema. Al frente del poder ejecutivo se halla el Presidente. Este sistema de gobierno repartido en tres poderes es el mejor del mundo, porque ninguno de los poderes domina por completo a los demás.

1. Escribe dos hechos. _____

_____

_____

2. Escribe una opinión. _____

_____

El cuerpo humano tiene más de 200 huesos. Los huesos están unidos entre sí y componen el esqueleto. Los huesos nos permiten mantenernos de pie y protegen órganos como el corazón, los pulmones y el cerebro. Benito dice que a él nunca se le romperá ningún hueso.

3. Escribe dos hechos. _____

_____

4. Escribe una opinión. _____

_____

4 Libro 4/Unidad 3
Tatica

Para hacer en casa: Pida a los estudiantes que lean un artículo en el periódico y que identifiquen un hecho y una opinión.

61

Vocabulario

Lee las pistas. Luego busca la palabra correspondiente del vocabulario en la hilera de letras y rodéala con un círculo.

ira	azorado	apuro	reposar	estorbar	ávido

1. descansar   c a r o m a r e p o s a r a n i s

2. molestar   r e t u c a l e s t o r b a r o l

3. ansioso, deseoso   t a r á v i d o m o l a n t o c a

4. rabia   j a m i t e l i r a c a f e n a d

5. situación difícil   s o l e t a p u r o n o f e s a s

6. asustado, aturdido   t e r r i d a n u p a z o r a d o

Revisión 63

Comprensión de lectura

1. ¿Quién es el personaje principal del cuento? _____

_____

2. ¿Quién es la mejor amiga de Tatica? _____

3. ¿Adónde se trasladan los González? _____

4. ¿Se llevan a Tatica con ellos cuando se trasladan? _____

5. ¿Qué sucede al final? _____

_____

Para hacer en casa: Pida a los estudiantes que vuelvan a contar los sucesos más importantes de "Tatica".

62–63

Libro 4/Unidad 3
Tatica
5

Leer un diagrama de flujo

Un **diagrama de flujo** es un cuadro o diagrama que dice, paso a paso, lo que se debe hacer para realizar alguna cosa.

Cómo realizar una exposición de arte en la escuela

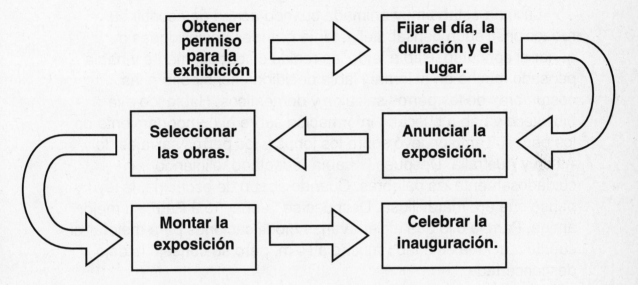

Usa el diagrama de flujo para responder a las preguntas.

1. ¿Qué muestra este diagrama de flujo? _____

_____

2. Cuál es el primer paso? _____

_____

3. ¿Cuál es el paso siguiente? _____

_____

4. ¿En qué paso se anuncia la exposición? _____

_____

5. ¿Cuál es el último paso al preparar la exposición? _____

_____

5 Libro 4/Unidad 3
Tatica

Para hacer en casa: Pida a los estudiantes que preparen un diagrama de flujo para realizar algo habitual, como hacerse un sándwich.

64

Evaluar hechos y opiniones

Los **hechos** se pueden demostrar. Las **opiniones**, en cambio, expresan lo que alguien siente o cree, pero no se pueden demostrar.

Lee el texto. Luego escribe **Hecho** u **Opinión** junto a cada una de las afirmaciones para indicar qué expresan.

Lucinda estaba muy animada cuando acabó de escribir su redacción. Según pensaba ella, tenía grandes posibilidades de ganar el concurso. Había leído las reglas cuidadosamente y había pensado mucho en el tema. Había decidido escribir sobre las costumbres de los perros salvajes y domésticos. Había ido a la biblioteca y había buscado información sobre el comportamiento de los perros. También leyó sobre los lobos y los perros salvajes de África y Australia. Después la había redactado, eligiendo cuidadosamente las palabras. Cuando acabó de escribirla, la leyó y pensó que era maravillosa. Después se la enseñó a Pam, su mejor amiga. Pam le dijo que hiciera varias modificaciones para mejorar el cuento. Lucinda estimaba mucho a Pam, pero su consejo la dejó desconcertada.

1. Lucinda tenía grandes posibilidades de ganar el concurso. _____

2. Había leído las reglas. _____

3. Había ido a la biblioteca a buscar información. _____

4. Leyó sobre los lobos y los perros salvajes de África y de Australia. _____

5. Pensó que su redacción era maravillosa. _____

6. Lucinda estimaba mucho a Pam. _____

Para hacer en casa: Pida a los estudiantes que digan un hecho y una opinión respecto a lo que hicieron durante el día.

65

Libro 4/Unidad 3
Tatica
6

Resumir

Cuando haces un **resumen,** presentas la idea principal y los detalles más importantes del texto que has leído.

Lee el cuento siguiente. Marca la letra de la mejor respuesta para cada pregunta.

Si quieres tener un perro, tienes que darte cuenta de que, además de ser muy divertido, también es una gran responsabilidad. Un perro vive muchos años y las vidas de las personas dan muchas vueltas: hay gente que tiene un perro grande en una casa con jardín, pero al cabo de unos años se va a vivir a un apartamento y el pobre animal se convierte en un problema. El mismo perro que te hacía tanta ilusión a los ocho años puede ser un gran estorbo a los 18.

Los perros no pueden estar mucho rato solos: hay que darles comida, cambiarles el agua y, lo que a veces es más molesto para la gente muy ocupada, sacarlos a pasear varias veces al día... y recoger esos "regalitos" que van dejando por el camino. Todo eso, sin enojarse con el pobre animal, que no tiene la culpa. Y es que los perros, además, necesitan cariño.

1. ¿Cuál es la idea principal?

   a. Tener un perro es una gran responsabilidad.

   b. Tener un perro es muy divertido.

2. ¿Qué detalle es más importante?

   a. A muchos niños de ocho años les hace ilusión tener un perro.

   b. Tenemos que pensar que un perro nos acompañará durante muchos años.

3. Qué detalle es más importante?

   a. Hay gente que está muy ocupada.

   b. Los perros necesitan cariño.

4. ¿Cuál te parece el mejor resumen del texto?

   a. Tener un perro es una gran responsabilidad: hay que alimentarlo, pasearlo, cuidarlo y darle cariño durante muchos años.

   b. Es muy pesado tener que cambiarle el agua a un perro y pasearlo si no tienes una casa con jardín.

Sufijos

Un **sufijo** es la parte de una palabra que se agrega al final de una raíz y le da un sentido determinado. El sufijo –*ción* convierte la raíz de un verbo en el resultado de la acción de ese verbo. Así pues, a partir de *constituir* formamos el sustantivo *constitución*.

Agrega el sufijo –*ción* a las raíces de los verbos siguientes.

1. competir _____   4. conversar _____

2. salvar _____   5. humillar _____

3. complicar _____   6. fundar _____

Ahora, usa una de estas palabras terminadas en –*ción* para completar las oraciones siguientes.

7. Tuve una larga _____ telefónica con Ana.

8. Estuvimos hablando de la posible _____ de un club de excursionistas del que seríamos miembros.

9. Berta ganó un trofeo en una _____ de atletismo.

10. El hecho de que mi hermano me regañara delante de mis amigos, fue una verdadera _____.

11. Cuando empezó a oscurecer en el bosque, la linterna que llevaba Jorge en la mochila fue nuestra _____.

12. La mayor _____ que tuvimos en el viaje fue que Margarita perdió una maleta.

Para hacer en casa: Pida a los estudiantes que escriban tres oraciones más en las que utilicen tres de estas palabras terminadas en —*ción*.

Libro 4/Unidad 3
Tatica
12

Propósito y punto de vista del autor

> Los autores pueden escribir con uno o varios **propósitos:** entretener, enseñar, informar o persuadir. El autor también revela su **punto de vista** sobre el tema en la forma en que escribe sobre él.

Lee los párrafos. Rodea la letra situada junto a la respuesta más apropiada para cada pregunta.

> Tres desconocidos se encontraron en la carretera. Todos se dirigían hacia el pueblo. Debajo de un árbol vieron una pila de monedas de oro, y dos de los tres hombres se llenaron los bolsillos de monedas. El tercero dijo que no estaba bien quedarse con el oro. Al llegar al pueblo, los desconocidos se separaron. Los dos que se quedaron el oro sufrieron grandes desgracias en los días siguientes. El tercero no tuvo sino días de inmensa felicidad en recompensa por su bondad.

1. ¿Qué propósito tiene el autor?

   a. persuadir

   b. enseñar

2. Pensando en el punto de vista expresado en el párrafo, ¿qué crees que haría el autor si se encontrase una cartera en la calle?

   a. Se quedaría con la cartera y su contenido.

   b. Intentaría devolverla.

> Los ciudadanos deben ejercer su derecho al voto. El propio acto de votar es más importante que votar a un determinado candidato. Así pues, vota según tu parecer. Yo voy a votar a Roberto Martín. Es el candidato que ha defendido un gobierno honrado y justo.

3. ¿Qué propósito tiene el autor?

   a. persuadir

   b. entretener

4. ¿De qué está convencido el autor?

   a. de que los ciudadanos deben votar

   b. de que el gobierno no es para todos

4

Libro 4/Unidad 3
Las sandalias de hierba

Para hacer en casa: Sugiera a los estudiantes que elijan un artículo de periódico y digan cuál es el propósito del autor.

68

Vocabulario

Completa las oraciones con palabras del vocabulario.

remendar	recitar	picar	versos	anotar	inquieto

1. Los _____ que escribiste son muy hermosos.

2. Te noto nervioso. ¿Por qué estás tan _____?

3. Voy a _____ el pantalón con un retazo de tela.

4. ¡Cuidado con la abeja, que te puede _____!

5. Te voy a _____ mi poema en voz alta.

6. ¿Me puedes _____ tu teléfono en este papel?

Comprensión de lectura

Escribe las respuestas a las preguntas siguientes sobre "Las sandalias de hierba". Si quieres, puedes consultar la selección.

1. ¿Cuándo y dónde vivió Basho? _____

_____

2. ¿Qué le prometió Basho a su sombrero? _____

3. ¿Dónde empezó Basho su viaje? _____

_____

4. ¿Sobre qué temas escribió Basho? _____

_____

5. ¿Por qué es Basho conocido y amado en Japón? _____

_____

Para hacer en casa: Pida a los estudiantes que recuerden su parte favorita del viaje de Basho.

69–70

Libro 4/Unidad 3
Las sandalias de hierba

5

Leer un mapa

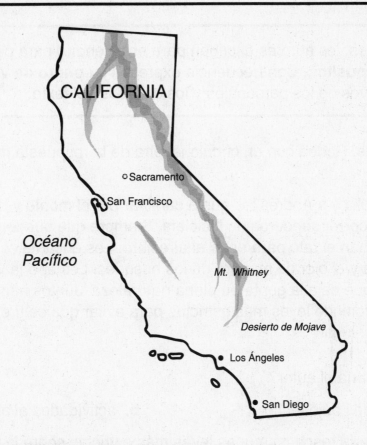

Lee el mapa para responder a las preguntas.

1. ¿Cuáles son las tres grandes ciudades de California que están en la costa del Pacífico? _____

2. ¿Qué ciudad es la capital de California? _____

   _____

3. ¿Cuál es la ciudad más próxima al desierto de Mojave? _____

   _____

4. Si viajaras de San Francisco a Los Ángeles, ¿en qué dirección irías? _____

   _____

5. ¿Qué ciudades crees que tienen más comercio con países del otro lado del Pacífico? ¿Por qué? _____

   _____

5 Libro 4/Unidad 3
Las sandalias de hierba

Para hacer en casa: Pida a los estudiantes que miren un mapa y nombren la capital y otra gran ciudad de su estado.

71

Propósito y punto de vista del autor

Muchas veces, los autores escriben para entretener o para persuadir. Ésos son sus **propósitos.** Con frecuencia expresan su **punto de vista** sobre un asunto a través de los personajes y los sucesos del texto.

Lee los cuentos. Rodea con un círculo la letra de la respuesta más adecuada.

A Julia y a Andrés les gusta caminar por el monte y también les gusta recorrer senderos en bicicleta. Siempre que pueden, aprovechan el rato para estar al aire libre. Les encanta el aire de la montaña y el olor de madera de los bosques. Les apena ver la basura que deja la gente en plena naturaleza. Juntos han escrito cartas pidiendo leyes más estrictas para evitar que se tire basura en cualquier lugar.

1. ¿Qué preferiría el autor?

   a. actividades bajo techo   **b.** actividades al aire libre

2. ¿Cómo votaría respecto a unas leyes más estrictas sobre la basura?

   a. Votaría en contra.   **b.** Votaría a favor.

"¡Se acabó!", pensó Santi. "¡Nunca más! Las frituras grasientas, las hamburguesas frías y las alitas de pollo no son auténtica comida. Yo prefiero las ensaladas y la fruta, y tal vez algo de queso. No hay más que calorías inútiles en lo que venden en este restaurante."

3. ¿Qué opina el autor sobre la comida rápida?

   a. Es saludable.   **b.** No es auténtica comida.

4. ¿A qué daría el autor su aprobación?

   a. más verdura en las escuelas   **b.** un Día Nacional del Hot Dog

---

Para hacer en casa: Pida a los estudiantes que expliquen por qué eligieron sus respuestas en los párrafos anteriores.

72

Libro 4/Unidad 3
Las sandalias de hierba 4

Expresar opiniones y tomar decisiones

> Los personajes afrontan muchas veces situaciones difíciles y deben decidir qué hacer. También los lectores suelen pensar en lo que harían en una situación parecida a la del cuento. A esto se le llama **expresar opiniones y tomar decisiones.**

Lee el cuento. Después responde a las preguntas.

Jesús esperaba impaciente para ir a visitar a su prima Charito. A pesar de la diferencia de edad y de que Charito fuese sólo una niña, tenían muchas cosas en común. Igual que a Jesús, a Charito le encantaban el ajedrez, la lectura y las películas de acción, así que cuando Jesús vio que estaba a la venta uno de sus videos favoritos, lo compró para regalárselo a su prima. Su mamá, con quien fue de compras, no estuvo de acuerdo:

—No es un buen regalo; Charito pasa ya demasiado tiempo delante de la televisión —le reprendió.

La hermana mayor de Jesús se acercó y le susurró al oído:

—¡Qué detalle más bonito! A Charito le va a encantar.

1. ¿Por qué quería Jesús comprar el video? _____

_____

2. ¿Por qué crees que la mamá de Jesús está en contra del regalo? _____

_____

_____

3. Si fueras Jesús, ¿qué harías? ¿Devolverías el regalo y elegirías otra cosa o se lo darías a Charito, después de todo? ¿Por qué? _____

_____

4. Si Jesús te pidiera consejo, ¿qué le dirías? _____

_____

_____

4

Libro 4/Unidad 3
Las sandalias de hierba

Para hacer en casa: Pida a los estudiantes que piensen en alguna decisión que hayan tomado durante el día y que expliquen por qué la tomaron.

73

Claves de contexto

Muchas veces, cuando te encuentras con una palabra que no conoces, puedes averiguar qué significa si te fijas en el **contexto.** Las palabras u oraciones entre las que aparece esa palabra pueden darte claves para que descubras su sentido.

Lee el párrafo y marca la letra correspondiente al significado correcto de cada palabra numerada. Luego escribe las claves que te ayudaron a averiguar qué significaba.

Cuando los pioneros llegaron a América del Norte, estos valientes viajeros se adentraron en las tierras del Oeste a pesar de los peligros y los obstáculos a los que debían hacer frente: cascadas, ríos y montañas. Para evitar las cascadas, tenían que transportar sus canoas por tierra, subiéndolas por las orillas escarpadas. Con sus carretas vadeaban los anchos ríos en los lugares donde el agua no era profunda; también pasaban a caballo por senderos de montaña, cruzando tierras secas y rocosas.

1. pioneros

   a. primeros exploradores   **b.** últimos en llegar

Claves: _____

2. obstáculos

   a. antiguas rutas   **b.** cosas que dificultan el paso

Claves: _____

3. escarpadas

   a. llanas   **b.** con mucha pendiente

Claves: _____

4. vadear

   a. cruzar   **b.** evitar

Claves: _____

Para hacer en casa: Pida a los estudiantes que usen dos palabras del ejercicio para escribir sus propias oraciones.

74

Libro 4/Unidad 3
Las sandalias de hierba

4

Evaluar hechos y opiniones

Un **hecho** es una afirmación que puede ser demostrada de alguna forma. Una **opinión** expresa lo que alguien cree, y no siempre puede ser demostrada.

Lee cada párrafo. Escribe una **H** si la afirmación expresa un hecho. Escribe una **O** si es una opinión.

Muchos de los primeros europeos que llegaron a lo que ahora es Estados Unidos viajaron desde la costa hacia el interior. Yo creo que los traslados no son buenos para los niños. Mi familia se ha mudado tres veces, y eso que sólo tengo nueve años. Pero las familias pioneras solían trasladarse con frecuencia: limpiaban un terreno, lo cultivaban y se marchaban otra vez en cuanto la región se llenaba de gente o la tierra dejaba de ser fértil. Supongo que a los niños de esas familias no les gustaría tanto movimiento. Espero que nos quedemos aquí mucho tiempo.

1. Creo que los traslados no son buenos para los niños. _____

2. Muchos europeos viajaban desde la costa hasta el interior. _____

3. Mi familia se ha mudado tres veces. _____

4. Supongo que a los niños de esas familias no les gustaría tanto movimiento. _____

Me gusta viajar en tren. Me tranquiliza su traqueteo en los raíles. Mi mamá toma el tren para ir al trabajo. A veces la acompaño, y me encanta subir al tren muy temprano por la mañana.

5. Me gusta viajar en tren. _____

6. El tren traquetea en los raíles. _____

7. Mi mamá toma el tren para ir al trabajo. _____

7 Libro 4/Unidad 3
Un lugar llamado Libertad

Para hacer en casa: Pida a los estudiantes que busquen tres hechos y tres opiniones en un artículo de una revista.

75

Vocabulario

| plantación | aldea | preocupada | cabaña | amanecer | fatigoso |

1. Si una persona está inquieta por algo, está _____.

2. Una _____ es un terreno muy grande donde se cultiva un solo tipo de planta.

3. El _____ es el momento en que sale el sol por la mañana.

4. Cuando algo te cansa mucho, puedes decir que es _____.

5. Otra palabra parecida a *choza* es _____.

6. Una _____ es un pueblo muy pequeño.

Comprensión de lectura

Pon una marca ✔ al lado de cada afirmación correcta sobre "Un lugar llamado Libertad". Puedes consultar la selección.

_____ **1.** El narrador y su familia se fueron de Tennessee a Indiana.

_____ **2.** Starman había sido el nombre del amo de la plantación.

_____ **3.** La familia Starman compró un terreno cerca del río Wabash.

_____ **4.** El papá no pudo traer a Indiana a otros parientes.

_____ **5.** Otras personas huidas de la esclavitud vinieron a vivir a su pueblo.

_____ **6.** Los padres del narrador querían llamar Starman al pueblo.

_____ **7.** La nueva ciudad fue llamada Libertad.

_____ **8.** El narrador se hizo agricultor como su papá y maestro como su mamá.

Para hacer en casa: Pida a los estudiantes que escriban un párrafo donde cuenten con sus propias palabras los sucesos de "Un lugar llamado Libertad".

76–77

Libro 4/Unidad 3
Un lugar llamado Libertad

8

Leer una gráfica lineal

Las **gráficas** presentan los datos de tal manera que se pueden entender a primera vista. Una **gráfica lineal** muestra cómo cambian los datos con el paso del tiempo. Habría que escribir mucho para expresar los mismos cambios que presenta una gráfica.

Población de Libertyville

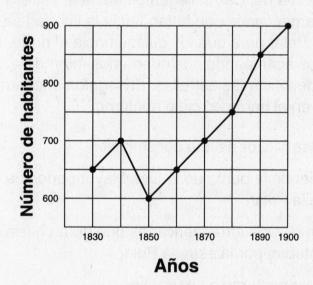

Usa la gráfica lineal para contestar las preguntas.

1. ¿Cuál era la población de Libertyville en 1850? _____

2. Compara la población de 1830 con la de 1860. ¿Había más, menos o el mismo número de habitantes que en 1860? _____

3. ¿En qué año había menos habitantes? _____

4. ¿Entre qué años creció más la población? _____

5. ¿En qué años disminuyó la población? _____

Libro 4/Unidad 3
Un lugar llamado Libertad
5

Para hacer en casa: Pida a los estudiantes que hagan una gráfica lineal que represente datos personales, como pueden ser su estatura en los últimos años o sus ahorros de mensuales.

78

Evaluar hechos y opiniones

Si sabes que un **hecho** es una afirmación que se puede demostrar y que una **opinión** es lo que alguien piensa o cree, te será más fácil entender lo que lees.

Lee el párrafo. Después escribe **H** si la oración expresa un hecho. Escribe **O** si expresa una opinión.

La Osa Mayor, o Carro, es mi constelación favorita. Si seguimos la punta del Carro, llegamos hasta la estrella Polar. Los esclavos afroamericanos que huían hacia la libertad se orientaban por la estrella Polar para que les guiase hacia el norte. Una noche que estábamos acampando nos quedamos mirando el cielo y tratamos de identificar las estrellas. Enseguida encontramos la estrella Polar en el hermoso cielo nocturno.

_____ **1.** La Osa Mayor es una constelación.

_____ **2.** Siguiendo la punta de la Osa Mayor podemos encontrar la estrella Polar.

_____ **3.** Los esclavos afroamericanos que huían hacia la libertad se orientaban por la estrella Polar.

_____ **4.** El cielo nocturno es hermoso.

Ahora inténtalo tú. Escribe dos hechos y dos opiniones sobre las tartas.

5. Hecho: _____

6. Hecho: _____

7. Opinión: _____

8. Opinión: _____

Para hacer en casa: Pida a los estudiantes que expresen sus opiniones sobre una noticia del periódico o del noticiero de televisión.

79

Libro 4/Unidad 3
Un lugar llamado Libertad

8

Resumir

Si logras **resumir** bien un cuento, puedes estar seguro de haber comprendido sus partes más importantes.

Lee el párrafo y responde a las preguntas.

La casa del Sr. Latorre se inundó cuando el arroyo se salió de su cauce. El Sr. Latorre necesitaba ayuda para limpiar su colección de viejas tarjetas de béisbol. Mi papá dice que es muy valiosa. El Sr. Latorre había guardado cada tarjeta en una funda de plástico transparente. Las fundas habían protegido las tarjetas del agua, pero estaban cubiertas de barro. Nos contrató a Melissa Cortés y a mí para limpiarlas y nos pasamos todo el fin de semana con trapos empapados en un limpiador especial. El Sr. Latorre se puso mucho más contento el domingo, cuando vio que las fundas resplandecían de limpias.

1. ¿Cuál es la idea principal del texto? _____

_____

_____

2. ¿Quiénes son los personajes del cuento? _____

_____

3. ¿Qué problema plantea el cuento, y cuál es su solución? _____

_____

_____

_____

4. Aprovecha tus respuestas anteriores para resumir el cuento. _____

_____

_____

_____

4 Libro 4/Unidad 3
Un lugar llamado Libertad

Para hacer en casa: Pida a los estudiantes que resuman un cuento que conozcan bien.

80

Claves de contexto

Fíjate en las **claves de contexto,** es decir, las otras palabras y oraciones del texto, para intentar averiguar el significado de las palabras que no entiendas.

Lee el párrafo siguiente. Luego rodea con un círculo la letra correspondiente al significado correcto de las palabras. Indica qué claves del párrafo te ayudaron a saber qué querían decir.

> A mi abuelo le encantaba narrar las historias de la familia. Nos contó una y otra vez sus recuerdos de su bisabuela y otros antepasados que habían huido de la esclavitud. Me gustaba mucho oírle contar cómo improvisaban cuando los cazadores de esclavos los descubrían de repente. Dice mi abuelo que allí desarrollamos nuestra capacidad para resolver las cosas al momento. Siempre nos decía que los esclavos fugitivos que alcanzaron la libertad debían de ser gente muy lista.

1. narrar

   a. contar   **b.** guardar en secreto

   Claves: _____

2. antepasados

   a. familiares de generaciones anteriores   **b.** amigos de la familia

   Claves: _____

3. improvisaban

   a. practicar y preparar   **b.** hacer sin preparación

   Claves: _____

4. fugitivos

   a. que huyen   **b.** policías

   Claves: _____

Para hacer en casa: Pida a los estudiantes que busquen una palabra desconocida en un cuento y traten de averiguar su significado a partir del contexto.

Libro 4/Unidad 3
Un lugar llamado Libertad

81

4

Expresar opiniones y tomar decisiones

Cuando se leen o se cuentan historias, **se expresan opiniones y se toman decisiones.** Los personajes tienen que pensar en lo que harán en situaciones difíciles; los lectores deben pensar en lo que harían ellos en situaciones parecidas.

Lee el texto. Después escribe una respuesta para cada pregunta.

Miguel bajó del autobús. Se quedó parado, mirando el edificio de delante donde estaba la tienda de departamentos. Sólo estaba a media manzana de distancia. Era la primera vez que su papá le dejaba ir solo al centro de la ciudad para que se comprara su propia ropa, y se le ocurrió que casi hubiera preferido que su papá le hubiera acompañado. Miguel se imaginó la tienda, la muchedumbre y la gama de posibilidades entre las que tendría que elegir. De repente se sintió mal. Vio llegar el autobús en dirección a su casa y se le ocurrió una idea descabellada.

1. ¿Qué decisión tiene que tomar Miguel? _____

_____

2. ¿Por qué decidió su papá dejarlo ir solo? _____

_____

3. ¿Por qué quisiera Miguel que su papá lo hubiera acompañado? _____

_____

4. Si fueras Miguel, ¿qué harías tú? _____

_____

⊠ 4 Libro 4/Unidad 3
Caminos enredados

Para hacer en casa: Pida a los estudiantes que expliquen lo que le dirían a Miguel si éste volviera a casa sin entrar en la tienda.

82

Vocabulario

Completa las oraciones con palabras del recuadro.

desafío	divertidos	laberinto	combinar	requiere	contiene

1. El _____ tenía muchos caminos y me perdí.

2. Era un verdadero _____ encontrar la salida del laberinto.

3. Para salir de un laberinto, debes _____ la memoria con un buen sentido de la orientación.

4. Hallar la salida también _____ prestar atención a los detalles.

5. Mi laberinto preferido _____ muchos caminos enredados.

6. A mí los laberintos me parecen muy _____.

⬜ 6

Comprensión de lectura

Responde por escrito a cada una de las preguntas sobre "Caminos enredados".

1. ¿Quién es Adrian Fisher? _____

_____

2. ¿Qué conocimientos y habilidades ha de tener para diseñar laberintos?

_____

3. ¿Por qué le gusta a la gente los laberintos de plantas de maíz? _____

_____

4. ¿En qué estado está el museo que ha exhibido laberintos de Fisher? _____

_____

Para hacer en casa: Pida a los estudiantes que hablen del artículo "Caminos enredados".

83–84

Libro 4/Unidad 3
Caminos enredados

⬜ 4

Leer un plano

Un **plano** es un dibujo a escala de una superficie más grande. Hay planos que muestran los lugares donde se hallan las distintas partes de un edificio o los muebles y objetos que hay en él.

Biblioteca / Piso 1

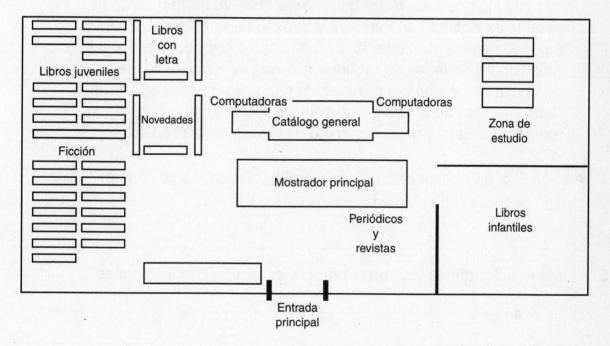

Si quieres obtener más información sobre laberintos, puedes consultar la biblioteca. Usa el plano para responder a las preguntas.

1. ¿Dónde está el catálogo de fichas? _____

2. Si miras el plano, ¿qué queda a la derecha de los periódicos y las revistas?

_____

3. ¿Qué hay justo delante del catálogo general? _____

4. ¿Qué hay justo detrás de los libros infantiles? _____

5. ¿Dónde hay una sección de discos y cintas? _____

5 Libro 4/Unidad 3
Caminos enredados

Para hacer en casa: Pida a los estudiantes que dibujen un plano del salón de clases o de la cafetería de la escuela.

85

Propósito y punto de vista del autor

Muchas veces, los autores dan a entender lo que piensan o sienten a través de los personajes y las situaciones que crean al escribir. Así expresan su **punto de vista** mediante la narración.

Lee el cuento y contesta las preguntas.

Algunos vecinos dicen que a Sara se le ve la pradera en la cara, unos admiran su fortaleza y otros le tienen lástima. En invierno se queda pálida, con una tez casi gris, tan fría y agotada como la gran llanura nevada que la rodea. En verano, en cambio, se le quema la piel y siempre parece tener sed. Por mucha agua que beba, siempre tiene la piel y el pelo resecos. Basta con mirar un momento a Sara para saber cómo es la vida en la pradera.

1. A través del personaje de Sara, ¿de qué habla realmente el autor? ——————

_____

_____

2. ¿Cree el autor que la vida en la pradera es fácil? ¿Cómo lo sabes? ————

_____

_____

3. ¿Crees que el autor ha vivido alguna vez en la pradera? ¿Por qué? ————

_____

_____

4. ¿Crees que el autor admira a Sara o le tiene lástima? ¿Por qué? ————

_____

_____

Para hacer en casa:** Pida a los estudiantes que escriban una carta al autor diciendo si están o no de acuerdo con su punto de vista.

86

Libro 4/Unidad 3
Caminos enredados

4

Claves de contexto

> Los lectores atentos usan las **claves de contexto** para descubrir el significado de las palabras que no conocen.

Lee el párrafo. Rodea con un círculo el significado correcto de las palabras de la lista. Después indica qué claves te ayudaron a averiguarlo.

En el negocio de la construcción, tiene que coordinarse el trabajo de mucha gente distinta. Construir un gran edificio es una tarea complicada. Por una parte, el arquitecto dibuja los planos; a menudo tiene que consultar a un ingeniero para saber cuáles son los mejores materiales para ese proyecto. Los abogados, por su parte, tienen que ocuparse de los aspectos legales. Alguien tiene que organizarlo todo para que todos hagan su trabajo en el momento debido.

1. complicada

   a. difícil de hacer   **b.** fácil de hacer

   Claves: _____

2. consultar

   a. estar en desacuerdo   **b.** pedir consejo

   Claves: _____

3. arquitecto

   a. diseñador de edificios   **b.** instalador de ascensores

   Claves: _____

4. legales

   a. relacionados con las leyes   **b.** relacionados con el dinero

   Claves: _____

4

Libro 4/Unidad 3
Caminos enredados

Para hacer en casa: Pida a los estudiantes que usen las palabras de esta lista para escribir otras oraciones.

87

Sufijos

> Si conoces los **sufijos** más comunes, te será más fácil entender las palabras que no conozcas y que contengan esos sufijos. Cuando se agrega el sufijo *–ción* a un verbo, la palabra que resulta expresa la acción o el efecto de ese verbo. Por ejemplo, lo que obtienes cuando *redactas* es una *redacción*.

Lee la siguiente lista de palabras con el sufijo *–ción*. Piensa en el significado de cada una de ellas. Después úsalas para completar las oraciones.

celebración	**corrección**	**inspección**	**construcción**
predicción	**inyección**	**separación**	**proyección**

1. Este terreno se va a usar para la ————————— de ocho casas nuevas.

2. Mi bisabuela cumple cien años y vamos a hacer una gran

   ————————————.

3. Cada tres meses se hace una ————————— de los sistemas antiincendios de la escuela para comprobar que todos funcionen correctamente.

4. Cuando haces una —————————, dices lo que crees que va a suceder.

5. Margarita estuvo enferma y el médico le puso una —————————.

6. La maestra hizo una ————————— de mis ejercicios.

7. Llegamos cinco minutos antes de que empezara la ————————— de la película.

8. Este programa es la ————————— de la primera parte que vimos la semana pasada.

Para hacer en casa: Pida a los estudiantes que elijan tres palabras del recuadro y las usen para escribir tres oraciones más.

Libro 4/Unidad 3
Caminos enredados

10

Repaso de vocabulario de la Unidad 3

A. Completa las oraciones con palabras del recuadro.

| ira   preocupar   amanecer   fatigoso   laberinto   divertido |

1. Nos despertamos a las cinco, antes del _____.

2. El camino fue largo y _____; a la vuelta estábamos agotados.

3. Pasamos un rato muy _____ en la fiesta de Manuel.

4. Estaba tan enojado, que la _____ no lo dejaba hablar.

5. El bosque era un _____: todos los que entraban en él se perdían.

6. Si no regresamos pronto, mamá se va a _____.

B. Lee las pistas. Luego busca las palabras del recuadro en la sopa de letras y rodéalas con un círculo.

| reposar   azorado   remendar   estorbar |

1. arreglar o reparar   a s r e m e n d a r a n c o z g

2. intranquilo o asustado a s d f j a a z o r a d o h k d

3. molestar   d a a j e s t o r b a r r f n g

4. descansar   s d f r y f r e p o s a r f i j

Libro 4/Unidad 3
Repaso
| 10 |

Para hacer en casa: Pida a los estudiantes que usen tres palabras del vocabulario para escribir sus propias oraciones.

89

Repaso de vocabulario de la Unidad 3

A. Lee las preguntas y contéstalas con palabras del recuadro.

aldea	plantaciones	anotar	apuro	cabaña

1. ¿Cómo se llamaban las grandes granjas donde trabajaban los esclavos?

   _____

2. ¿En qué estás cuando tu situación es difícil? _____

3. ¿Cómo se llama una casita sencilla hecha con troncos?

   _____

4. ¿Y un pueblo muy pequeño? _____

5. ¿De qué otra manera puedes decir "tomar notas"? _____

B. Completa las oraciones con palabras del recuadro.

picar	versos	inquieto	requiere	desafío

1. El autobús iba a pasar dentro de dos minutos y yo salía por la puerta de casa;

   fue un _____ llegar a la parada a tiempo.

2. Si no vas con cuidado cuando te acercas a un panal de miel, te puede

   _____ una abeja.

3. Enrique nos leyó los últimos _____ que había escrito.

4. Escribir novelas _____ mucho tiempo y mucha dedicación.

5. Estaba tan emocionado que no paraba de moverme. Mamá me preguntó por

   qué estaba _____.

Para hacer en casa: Pida a los estudiantes que usen las palabras del vocabulario cuando escriban por su cuenta.

90–91

Libro 4/Unidad 3
Repaso
10

Decidir si algo es o no un hecho

Cuando una afirmación **es un hecho,** se puede demostrar que es verdad.
Cuando **no es un hecho,** se puede demostrar que no es verdad.

Por ejemplo:

Es un hecho: Los perros tienen cuatro patas.

No es un hecho: Los perros saben volar.

Lee cada oración. Rodea luego con un círculo las palabras **es un hecho** o
no es un hecho para señalar si se puede o no demostrar que la
afirmación es verdadera.

1. Las ocas ponen huevos de oro.

   es un hecho   no es un hecho

2. Un caballo puede galopar más rápido de lo que puede correr una persona.

   es un hecho   no es un hecho

3. Los Ángeles es la ciudad más grande de California.

   es un hecho   no es un hecho

4. Hay personas capaces de provocar un relámpago si imaginan una tormenta.

   es un hecho   no es un hecho

5. Cuando cae un rayo, puede quemar cosas o electrocutar animales o
   personas.

   es un hecho   no es un hecho

6. Los perros pueden hablar, pero normalmente no se atreven a hacerlo.

   es un hecho   no es un hecho

7. Si la temperatura cae por debajo del punto de congelación, el agua se
   convierte en hielo.

   es un hecho   no es un hecho

8. Si uno se traga un hueso de oliva, le puede crecer un olivo en el estómago.

   es un hecho   no es un hecho

---

8 | Libro 4/Unidad 4
El gran regalo | **Para hacer en casa:** Pida a los estudiantes que digan qué
material consultarían para comprobar los hechos que han
identificado. | **91**

Vocabulario

entusiasmado	ansiedad	duda	curiosidad	radiante	maravilla

Horizontal

1. emocionado, encantado

2. inquietud, nerviosismo

3. cosa fabulosa

Vertical

4. ganas de saber más

5. lo contrario de *certeza*

6. muy contento o muy brillante

Revisión 93

Comprensión de lectura

Escribe una **X** junto a cada afirmación verdadera sobre "El gran regalo".

1. El personaje principal del cuento es un niño llamado Ariel. _____

2. El título se refiere al regalo que recibe Ariel por Navidad. _____

3. Ariel quería ir al campo. _____

4. El cuento tiene lugar en el pasado, hace muchos años. _____

5. Ariel y su papá van al campo en bicicleta. _____

6. Ariel vio un caballo de verdad. _____

Para hacer en casa: Pida a los estudiantes que escriban otras dos oraciones verdaderas referentes a "El gran regalo".

92–93

Libro 4/Unidad 4
El gran regalo 6

Leer una tabla

Las **tablas** son muy útiles para comparar datos. Cuando consultas una tabla, lees el título y todos los encabezamientos para saber cómo se ha organizado la información.

Temperaturas medias mensuales de dos ciudades entre enero y junio

Mes	Burlington, Vermont	Nueva Orleáns, Luisiana
Enero	16°*	51°*
Febrero	18°	54°
Marzo	31°	62°
Abril	44°	69°
Mayo	56°	75°
Junio	65°	80°

*grados Fahrenheit

Consulta la tabla y responde a las preguntas.

1. ¿Cuál es la temperatura media de Burlington en el mes de marzo? _____

2. ¿Cuál es la temperatura media de Nueva Orleáns en mayo? _____

3. ¿Cuántos grados más tiene la temperatura media de Burlington en junio que en enero? _____

4. ¿Cuántos grados menos tiene la temperatura media de Nueva Orleáns en febrero que en abril? _____

5. ¿Qué ciudad es más calurosa en estos seis meses? _____

Para hacer en casa: Pida a los estudiantes que hagan más preguntas a partir de esta tabla y que las contesten.

Decidir si algo es o no un hecho

Si puedes distinguir entre la información de un texto que es un **hecho** y la información que **no es un hecho,** te será más fácil entender lo que lees.

Lee las afirmaciones siguientes. Escribe una **X** junto a las cuatro que **no son hechos.**

1. Los caballos son animales de cinco patas. _____

2. Los caballos se usan para montar y para tirar de carros y carretas. _____

3. La hembra del caballo se llama *potro*. _____

4. La cría del caballo se denomina *yegua*. _____

5. Las bicicletas sirven para cocinar. _____

6. Las bicicletas tienen dos ruedas. _____

7. Muchas bicicletas tienen un timbre que sirve de bocina. _____

Ahora, vuelve a escribir las oraciones anteriores que marcaste con una X para que sí expresen hechos.

1. _____

_____

2. _____

_____

3. _____

_____

4. _____

_____

Para hacer en casa: Pida a los estudiantes que hagan sus propias listas de afirmaciones que expresen hechos y otras en las que no sea así.

Libro 4/Unidad 4
El gran regalo 11

95

Comparar y contrastar

> Al **comparar y contrastar,** hemos de pensar en qué se parecen y en qué se diferencian dos o más cosas.

Lee la selección. Completa después el cuadro de comparación.

Bárbara y Norton fueron juntos a la misma universidad. Tanto Bárbara como Norton estudiaron ciencias. Bárbara estaba interesada sobre todo en la exploración del espacio. Norton quería hallar formas de lograr que las personas tuvieran mejor salud y una vida más cómoda al llegar a la vejez. Ahora, Bárbara y Norton son profesores en distintas universidades. Bárbara dedica la mayor parte de su tiempo a enseñar. También viaja por todo el país, tratando de interesar a la gente en la exploración del espacio. A Bárbara le encanta hablar de lo que hace. Norton pasa casi todo su tiempo en el laboratorio, haciendo investigación médica. Norton no habla con casi nadie de su trabajo.

Barbara y Norton	Parecidos	Diferencias
Educación	1. Fueron juntos a la misma universidad; los dos estudiaron ciencias.	2.
Ocupaciones	3.	4.
Personalidades	5.	6.

Libro 4/Unidad 4
El gran regalo
5

Para hacer en casa: Pida a los estudiantes que cuenten las diferencias entre el mundo actual que ellos conocen y el mundo de Ariel en el año 2100.

96

Raíz de las palabras

Todas las palabras de una misma familia comparten una **raíz** común. Si sabes lo que significan las raíces, te será más fácil imaginarte lo que significan las palabras nuevas que te encuentres.

En el recuadro verás algunas raíces y sus significados.

raíz	significado	raíz	significado
bio-	vida	graf-	que describe, escribe
tele-	distancia	-logía	ciencia, estudio
scop-	ver	fon-	voz, sonido

Busca las raíces que contienen las palabras siguientes. Escríbelas y anota la letra correspondiente a la definición correcta.

Definiciones

a. estudio de la vida

b. persona que describe la vida de otra persona

c. instrumento que permite ver, agrandado, un objeto lejano

d. aparato para enviar sonidos a lugares lejanos

1. biología

    Raíces: _____   **Definición:** _____

2. teléfono

    Raíces: _____   **Definición:** _____

3. telescopio

    Raíces: _____   **Definición:** _____

4. biógrafo

    Raíces: _____   **Definición:** _____

Para hacer en casa: Pida a los estudiantes que identifiquen las raíces de la palabra *telégrafo* y expliquen su significado.

Libro 4/Unidad 4
El gran regalo

97

4

Sacar conclusiones

Al **sacar una conclusión** lo que hacemos es utilizar las pistas que hallamos en el texto para aprender algo que no explica directamente el autor.

Lee el cuento. Saca después conclusiones para completar cada oración. Rodea con un círculo la letra correcta.

—Ana, quiero más —dijo Lucía, sacudiendo la caja vacía de rosetas de maíz.

Ana apartó los ojos de la gran pantalla.

—¿No puedes esperar un poco? —preguntó.

—No, no puedo —dijo Lucía—. Las quiero ahora. Mamá dijo que tenías que darme lo que yo quisiera.

Ana resopló fastidiada.

—Está bien —dijo.

—Se levantó de su asiento y fue subiendo a oscuras por el pasillo hacia el quiosco de bocaditos.

1. Lucía y Ana son _____.

   a. amigas   **b.** hermanas   **c.** compañeras de clase

2. Es probable que Lucía sea _____.

   a. más joven que Ana   **b.** mayor que Ana   **c.** de la misma edad que Ana

3. Las dos muchachas están en _____.

   a. su casa   **b.** el circo   **c.** un cine

4. Ana está _____.

   a. menos interesada en la película que Lucía

   b. más interesada en la película que Lucía

   c. más interesada en comer que Lucía

4 Libro 4/Unidad 4
La selva tropical

Para hacer en casa: Pida a los estudiantes que identifiquen las pistas de las que se han servido para sacar sus conclusiones.

98

Vocabulario

Completa las oraciones con palabras del recuadro.

cooperar	organismo	entorno	contribuir	reparar	armonía

1. Cada animal vive dentro de su _____ natural.

2. Es importante _____ en un esfuerzo común por conservar las selvas tropicales de nuestro planeta.

3. Hay muchos elementos distintos que pueden _____ a la destrucción de las selvas.

4. Cada _____ necesita una serie de condiciones para poder sobrevivir.

5. Hay daños que no se pueden _____, pero muchos sí tienen remedio.

6. Todos los seres vivos conviven en _____, dependiendo los unos de los otros.

6

Revisión 100

Comprensión de lectura

Marca con una **X** las afirmaciones verdaderas respecto a "La selva tropical".

_____ **1.** La ciencia que estudia la relación entre los organismos y su entorno natural se llama *ecología*.

_____ **2.** La explotación de los árboles para obtener madera y papel es buena para la selva.

_____ **3.** Durante siglos, las selvas han sido fuente de muchos recursos naturales que han aprovechado los seres humanos.

_____ **4.** Alrededor del río Amazonas viven millones de especies distintas de plantas y animales.

_____ **5.** Guanacaste, en Costa Rica, es una de las selvas más húmedas que existen.

_____ **6.** El Yunque es una selva de Puerto Rico.

Para hacer en casa: Pida a los estudiantes que usen las palabras del vocabulario para formar sus propias oraciones.

99–100

Libro 4/Unidad 4
La selva tropical

6

Leer una gráfica

Las **gráficas** presentan datos en una forma visual, de modo que podemos tener una idea general de la información con un vistazo rápido.

Aunque no vive en la selva, el cóndor de California también necesita protección. En un momento estuvo a punto de desaparecer, pero ahora se está recuperando. Consulta la gráfica para responder a las preguntas sobre el cóndor.

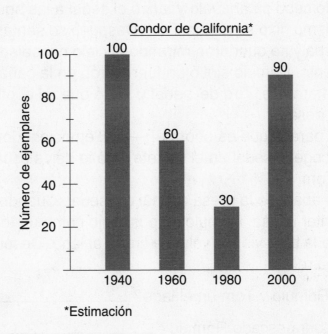

Condor de California*

*Estimación

1. ¿En qué año era mayor la población de cóndores de California? _____

2. ¿En qué año fue menor esa población? _____

3. ¿Cuántos ejemplares menos había en 1980 si se compara con 1940? _____

4. ¿En qué año había unos 60 ejemplares? _____

5. ¿Cuántos ejemplares más hay en el año 2000 si se compara con 1980?

_____

5 Libro 4/Unidad 4
La selva tropical

Para hacer en casa: Pida a los estudiantes que escriban otra pregunta referente a la gráfica y luego la contesten.

101

Sacar conclusiones

> Los lectores atentos **sacan conclusiones** a partir de la información que leen. También se valen de su experiencia personal para imaginarse más de lo que les explica directamente el autor.

Lee el cuento siguiente. Saca luego conclusiones para responder a las preguntas.

Rómulo cebó su anzuelo y lanzó el sedal a las aguas azules del lago. Lo mismo hizo su amigo Tom. Después se sentaron en la blanda hierba y se quedaron mirando al cielo despejado.

De pronto, Rómulo sintió un fuerte tirón en la caña. Se puso de pie inmediatamente. Tiró del sedal y sintió que en el otro extremo había algo pesado.

—¡Me parece que es enorme! —dijo, emocionado.

—¡Recoge el sedal en el carrete y no lo dejes escapar! —le aconsejó Tom.

Por fin apareció la presa al final del sedal. Cuando Tom la vio, no pudo evitar la risa. Rómulo se puso rojo como un tomate, retiró del anzuelo la bota vieja y volvió a tirarla al lago. Después también él se echó a reír.

1. ¿Qué hacían Rómulo y Tom en el lago? _____

2. ¿Qué creía haber pescado Rómulo? _____

3. ¿Por qué se echó Tom a reír? _____

_____

4. ¿Qué clase de relación tienen los dos muchachos? ¿Cómo lo sabes?

_____

_____

5. ¿Qué título podrías ponerle a este cuento? _____

_____

_____

Para hacer en casa: Pida a los estudiantes que saquen una conclusión más de este cuento.

102

Libro 4/Unidad 4
La selva tropical

5

Comparar y contrastar

> Cuando **comparas y contrastas** dos cosas, te fijas en sus semejanzas y
> sus diferencias.

Lee el texto siguiente y responde a las preguntas.

El squash es un deporte que se juega en una cancha cubierta
de cuatro paredes. Se juega con raquetas y una pelota pequeña de
goma dura. Un jugador puede hacer rebotar la pelota contra
cualquiera de las cuatro paredes, siempre y cuando la pelota llegue
a la pared delantera antes de tocar el suelo. El squash se puede
jugar con dos o cuatro jugadores a la vez.

El tenis se puede jugar en una cancha cubierta o al aire libre.
Se juega con raquetas y se lanza la pelota por encima de una red.
La pelota de tenis es más grande que la de squash. En el tenis, la
pelota tiene que pasar por encima de la red y caer dentro de los
límites de la cancha, marcados con líneas en el piso. Se puede
jugar con dos o cuatro jugadores a la vez.

1. ¿En qué se parecen los materiales necesarios para jugar al tenis y los del

   squash? _____

2. ¿En qué se diferencian los materiales utilizados en ambos deportes?

   _____

3. ¿En qué se parecen los lugares donde se juegan los dos deportes?

   _____

   _____

4. ¿En qué se diferencian las canchas donde se juegan los dos deportes?

   _____

   _____

5. ¿En qué otros aspectos se parecen el tenis y el squash? _____

5 Libro 4/Unidad 4
La selva tropical

Para hacer en casa: Pida a los estudiantes que comparen
y contrasten las selvas tropicales y los bosques de las
regiones frías.

103

Raíz de las palabras

La **raíz de una palabra** es la parte que se mantiene en toda la familia de palabras relacionadas. Las palabras *vociferar, altavoz, vocero* y *vocal* comparten una misma raíz, procedente del latín *vox*, que significa "voz".

Fíjate en las raíces siguientes, sus orígenes y significados, y algunas palabras que se forman a partir de ellas. Después usa esas palabras para escribir oraciones.

Raíz	Origen	Significado	
geo-	griego	tierra	geología, geografía
lact-/galact-/galax-	latin y griego	leche	lácteo, galaxia
scop-	griego	ver	telescopio, microscopio

1. **Raíz: geo-**

   Palabra: _____

   Oración: _____

2. **Raíz: lact-**

   Palabra: _____

   Oración: _____

3. **Raíz: scop-**

   Palabra: _____

   Oración: _____

Para hacer en casa: Pida a los estudiantes que identifiquen las raíces de la palabra *geometría*.

104

Libro 4/Unit 4
La selva tropical
3

Etapas de un proceso

> Se llaman **etapas de un proceso** a los pasos que se dan en orden para realizarlo. Imagina que eres tú quien da esos pasos y el proceso te saldrá mejor.

Lee la lista de cosas que hace Tina cuando lava el auto de sus padres.
Pon luego la lista en orden, desde el primer paso hasta el séptimo.

Secar el agua del auto con un trapo limpio. **1.**

Eliminar el jabón con la manguera. **2.**

Dejar el auto al sol para que se seque del todo. **3.**

Llenar el balde con agua y jabón. **4.**

Lavar la suciedad del auto con agua y jabón. **5.**

Cerrar la llave de la manguera. **6.**

Abrir la llave de la manguera. **7.**

Escribe en los espacios en blanco los números del 1 al 5 que explican las etapas para apagar de un soplo las velas de cumpleaños.

Etapa _____ Llenarse los pulmones de aire.

Etapa _____ Retirar las velas y cortar la tarta.

Etapa _____ Pedir un deseo.

Etapa _____ Soplar otra vez, si hace falta.

Etapa _____ Apagar las velas de un soplo.

Libro 4/Unidad 4
En el autobús con Joanna Cole
12

Para hacer en casa: Pida a los estudiantes que detallen las etapas del proceso de hacer una máscara con una bolsa de papel.

105

Vocabulario

Completa las oraciones con las palabras del vocabulario.

investigación tradicionales absorben disponible abandonar original

1. Me gustan las fiestas _____ en las que celebramos nuestras antiguas costumbres.

2. Siempre cuidaré de mi perro: nunca lo voy a _____.

3. Este cuadro es una obra _____, firmada por el pintor.

4. El Sr. Arisa está reunido; no estará _____ hasta las cuatro.

5. La policía hará una _____ del robo del museo.

6. Las toallas _____ la humedad.

Comprensión de lectura

Escribe la respuesta a cada una de las preguntas sobre "En el autobús con Joanna Cole". Si necesitas ayuda, consulta la selección.

1. ¿Quién es Joanna Cole y a qué se dedica? _____

_____

2. ¿Qué cosas aprendió Joanna de su papá? _____

_____

3. ¿Qué otras personas colaboran con Joanna para preparar sus libros?

_____

_____

4. ¿Por qué los escritores de temas científicos, como Joanna Cole, tienen que

investigar antes de escribir? _____

_____

Para hacer en casa: Pida a los estudiantes que usen palabras del vocabulario para describir un proyecto en el **106–107** que hayan trabajado o en el que les gustaría trabajar.

Libro 4/Unit 4
En el autobús con Joanna Cole
4

Seguir instrucciones ilustradas

Para aprender a hacer una cosa, tienes que **seguir instrucciones.** Cuando las sigues, las haces en un determinado orden, paso a paso.

Mira las instrucciones indicadas en las ilustraciones para aprender a hacer un muñeco de nieve. Luego contesta las preguntas.

- Freddy hace dos bolas de nieve grandes y otra pequeña para formar el cuerpo y la cabeza.
- Freddy apila las dos bolas grandes una encima de otra.
- Pone la más pequeña encima de todo para formar la cabeza.
- Busca botones para marcar los ojos y una zanahoria para la nariz.
- Freddy agrega ramas para hacer de brazos.
- Freddy les pide a sus padres un sombrero y una bufanda para vestir al muñeco de nieve.

1. ¿Cuál es el segundo paso para hacer un muñeco de nieve? _____

_____

2. ¿Cuándo colocarías los ojos y la nariz? _____

_____

3. ¿Cuándo les mostrarías el muñeco a tus padres? _____

_____

4. Si hubiera otro dibujo de Freddy acumulando nieve, ¿dónde iría? _____

_____

Libro 4/Unidad 4
En el autobús con Joanna Cole
4

Para hacer en casa: Pida a los estudiantes que hagan una serie de dibujos que sirvan de instrucciones para hacer algo.

108

Etapas de un proceso

Cuando planeas y realizas un proyecto das una serie de pasos. Estos pasos se llaman **etapas de un proceso.**

En el artículo "En el autobús con Joanna Cole" leíste cómo trabaja esta escritora. Cuando escribes un informe de investigación, tú mismo sigues etapas similares. Las etapas están escritas a continuación, pero aparecen desordenadas. Escribe los números del 1 al 5 para indicar el orden correcto.

Proceso: Escribir un informe de investigación

Etapa _____ presentar el informe a la clase

Etapa _____ investigar tu tema en la biblioteca

Etapa _____ escribir la versión final

Etapa _____ preparar un borrador del informe

Etapa _____ revisar el borrador y hacer todas las correcciones

Anota ahora las cinco etapas que seguirías para escribir una carta personal a un amigo o amiga. Consulta el ejemplo para recordar las partes de una carta personal.

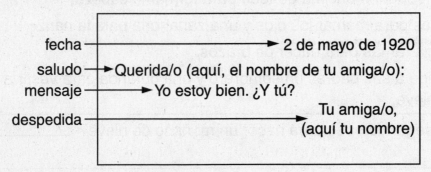

fecha —————————————→ 2 de mayo de 1920

saludo ——→ Querida/o (aquí, el nombre de tu amiga/o):

mensaje ——→ Yo estoy bien. ¿Y tú?

despedida ———————————————→ Tu amiga/o,
(aquí tu nombre)

Proceso: Escribir una carta a un amigo

Etapa 1: _____

Etapa 2: _____

Etapa 3: _____

Etapa 4: _____

Etapa 5: _____

Para hacer en casa: Pida a los estudiantes que describan las etapas que siguieron en una de sus actividades prácticas de la clase de ciencias.

109

Libro 4/Unit 4
En el autobús con Joanna Cole
10

Decidir si algo es o no un hecho

Recuerda que cuando una afirmación expresa un **hecho,** se puede probar que es verdad. Por el contrario, **no** expresa un **hecho** una afirmación falsa o que no se pueda demostrar.

Lee el párrafo. Decide después qué afirmaciones son hechos y cuáles no lo son. Completa el cuadro con un total de cinco afirmaciones.

Los autobuses son uno de los principales medios de transporte para millones de estadounidenses. Los autobuses escolares, de color amarillo, llevan a diario a los estudiantes al zoológico. Los autobuses urbanos llevan a los empleados a trabajar. Los autobuses interurbanos llevan volando por el aire desde una ciudad a otra a los pasajeros que tienen prisa; también venden correo y paquetes. Hay autobuses especiales, capaces de salir de la carretera e ir por el agua para recoger a los habitantes de las islas. Sin autobuses, muchas personas no podrían llegar a su destino.

Son hechos	No son hechos
1. _____ _____ _____	3. _____ _____ _____
2. _____ _____	4. _____ _____
	5. _____ _____ _____

5 Libro 4/Unidad 4
En el autobús con Joanna Cole

Para hacer en casa: Pida a los estudiantes que busquen hechos en un artículo de periódico y los cambien para que se conviertan en información divertida que no exprese hechos verdaderos.

110

Prefijos

Los **prefijos** son partes que, añadidas al comienzo de las palabras, cambian su significado. Por ejemplo, los prefijos *des-* e *in-* significan "lo contrario de". Así, si añadimos el prefijo *des-* a la palabra *control*, el resultado es *descontrol*, que significa "lo contrario de control".

Rodea el prefijo de cada palabra con un círculo. Después busca su significado en la columna de la derecha y escríbelo junto a la palabra, en la columna central.

1. deshacer		lo contrario de peinar
2. inagotable		sin ánimos
3. deshabitar		lo contrario de hacer
4. desagradable		que no es correcto
5. incansable		que no se puede admitir
6. incapaz		dejar de habitar
7. despeinar		que nunca se agota
8. desanimado		que nunca se cansa
9. inadmisible		que no es agradable
10. incorrecto		que no es capaz

Para hacer en casa: Pida a los estudiantes que escriban oraciones en las que usen dos o tres de las palabras numeradas.

111

Libro 4/Unit 4
En el autobús con Joanna Cole

10

Comparar y contrastar

En sus textos, los autores suelen **comparar y contrastar** ideas, personas y cosas. Mientras lees, busca semejanzas y diferencias.

Lee la selección. Después compara y contrasta para responder a las preguntas.

Mi primo vive en California, y yo, en Connecticut. Disfrutamos mucho cuando nos visitamos. A mí me gustan las playas arenosas y soleadas de California. También tenemos playas en Connecticut, pero no son tan grandes. Además, en ciertas partes de California hace calor todo el año, y se puede ir a la playa cuando uno quiere. En casa, en invierno hace demasiado frío para ir a la playa.

Tanto en California como en Connecticut vive mucha gente, pero el estado de California es mucho más grande. También tiene más población. Por otra parte, Connecticut es un estado más antiguo, y tiene más edificios de la época colonial y más lugares históricos que California. Me gusta visitar a mi primo en California, pero estoy contento de vivir en Connecticut.

1. ¿Qué se compara en este texto? _____

_____

_____

2. ¿En qué se parecen los dos estados? _____

_____

_____

3. ¿En qué se diferencian? _____

_____

_____

4. ¿En qué otro aspecto se parecen ambos estados? Pista: fíjate en sus

nombres. _____

Libro 4/Unidad 4
Los primeros pobladores de la Tierra
4

Para hacer en casa: Pida a los estudiantes que comparen su estado con otro de su elección.

112

Vocabulario

Lee las pistas y busca la palabra del vocabulario correspondiente en la sopa de letras.

microscopio	antepasados	hocico	pinchos	extraño	desastre

1. boca y nariz de un animal

   f e n a o r h o c i c o c i t a s a

2. abuelos, bisabuelos, tatarabuelos

   p a n t e p a s a d o s c í n

3. si lo tocas, te pinchas

   t i n a p o n e p i n c h o s n

4. sirve para ver cosas pequeñas

   c u m i c r o s c o p i o a d o

5. catástrofe

   m i t e d e s a s t r e n a r i o s a

6. no es normal

   c e r a t o c i e x t r a ñ o s a

Comprensión de lectura

Rodea la letra de la respuesta con la que puedas completar cada oración sobre "Los primeros pobladores de la Tierra".

1. Los primeros antepasados de los animales que conocemos aparecieron sobre la Tierra durante el _____.

   a. Periodo Jurásico   **b.** Periodo Cámbrico

2. Los científicos han dicho que la aparición de estos animales fue una "explosión" porque _____.

   a. su población creció de repente   **b.** algunos realmente reventaron

3. Los animales que vivieron justamente antes del Cámbrico eran _____.

   a. casi invisibles   **b.** mayores que los animales anteriores

4. Algunos científicos creen que el desarrollo de los animales pudo haber sido causado por _____.

   a. la aparición del hombre   **b.** un gran desastre natural

Para hacer en casa: Pida a los estudiantes que describan algunos de los primeros animales conocidos sobre los que hayan leído o visto ilustraciones.

113-114

Libro 4/Unidad 4
**Los primeros pobladores
de la Tierra**

4

Leer una tabla

Las **tablas** organizan la información de una manera clara, haciendo más fácil la comparación de los distintos datos que la componen.

Civilizaciones antiguas

Año	Lugar	Eventos y civilizaciones
9000 a. C.	Oriente Medio	Primeras comunidades agrícolas y ganaderas
3500 a. C.	Valles del Tigris y el Éufrates	Aparecen las primeras ciudades.
3100 a. C.	Egipto	Se desarrolla la civilización egipcia.
2500 a. C.	Creta	Florecimiento de la civilización minoica
2500 a. C.	India	Inicio de la civilización del valle del Indo
2350 a. C.	Mesopotamia	Nace el primer gran imperio.
1700 a. C.	China	Inicio de la civilización china

Usa la tabla para responder a las preguntas.

1. ¿Cuándo surgieron las primeras comunidades agrícolas? _____

_____

2. ¿Qué civilización se desarrolló sobre el año 3100 a. C.? _____

_____

3. ¿Dónde se desarrolló la civilización minoica? _____

_____

4. ¿Cuál fue el primer gran imperio? _____

_____

5. ¿Qué civilización fue anterior, la china o la del valle del Indo? _____

5   Libro 4/Unidad 4
Los primeros pobladores
de la Tierra

Para hacer en casa: Pida a los estudiantes que, con un familiar, consulten una enciclopedia y hagan una tabla con el nombre de tres países, su capital y su población u otro dato de interés que ellos elijan.

115

Etapas de un proceso

Los pasos que se siguen por orden son las **etapas de un proceso.**

Lee el párrafo sobre la preparación de un chocolate caliente. Después escribe las etapas.

Cuando he estado jugando afuera y hace frío, nada me reconforta tanto como una taza de chocolate caliente. Mi papá me lo prepara en cuanto llego. Primero pone el chocolate en polvo en un tazón grande. Después pone la tetera en el fogón. Justo antes de que el agua rompa a hervir, retira la tetera. A continuación vierte el agua caliente en el tazón. Después mezcla bien con una cuchara el chocolate y el agua. Finalmente llega lo mejor: ¡Me lo tomo!

Proceso: Preparación de un chocolate caliente

Etapa 1: _____

Etapa 2: _____

Etapa 3: _____

Etapa 4: _____

Etapa 5: _____

Escribe ahora tres etapas del proceso del cepillarse los dientes. El cuarto paso está dado.

Proceso: Cepillado de los dientes

Etapa 1: _____

Etapa 2: _____

Etapa 3: _____

Etapa 4: Enjuagar el cepillo y guardarlo.

Para hacer en casa: Pida a los estudiantes que observen a un adulto mientras hace alguna cosa, y que escriban después las etapas de ese proceso.

116

Libro 4/Unidad 4
Los primeros pobladores de la Tierra

8

Prefijos

Si conoces el significado de los **prefijos** que se añaden al principio de las palabras, te será más fácil entender las que no conozcas. Los prefijos *des-* e *in-* significan "lo contrario de".

Subraya el prefijo de las palabras del recuadro. Después piensa en lo que significan. Luego úsalas para completar las oraciones.

despreocúpate	**inalcanzable**	**descargaron**	**incomprendido**
descongelado	**intolerable**	**desabrigada**	**inalámbrico**

1. Cuando Tomás les contó a sus hermanos que lo había perseguido un perro y ellos se rieron, se sintió _____.

2. Mamá ha _____ unas chuletas de cordero para la cena.

3. No es un problema tan grande como piensas. ¡_____, vamos al cine y te divertirás!

4. Valentina estaba enojada; le parecía _____ que Anita no contestara su carta.

5. Salí a jugar en la nieve muy _____ y me enfrié.

6. Margarita miraba las fotografías de los actores, soñando con ese maravilloso e _____ mundo de las estrellas de cine.

7. El Sr. Leman contestó el teléfono _____ y salió al patio a charlar.

8. Julia y Clara _____ las cajas de libros del auto.

⊠ 8 Libro 4/Unidad 4
Los primeros pobladores de la Tierra

Para hacer en casa: Pida a los estudiantes que usen cinco palabras del recuadro para escribir sus propias oraciones.

117

Raíz de las palabras

Muchas palabras de nuestro idioma tienen **raíces** que proceden de otras lenguas. Si conocemos el significado de las raíces más comunes, nos es más fácil entender muchas palabras nuevas.

Veamos algunas de las raíces más frecuentes:

raíz	significado	raíz	significado
hidr-	agua	demo-	pueblo
cicl-	círculo	vid-/vis-	ver
sfer-	redondo, alrededor		
multi-	mucho		

Escribe la letra correspondiente al significado de cada palabra.

1. _____ visible
2. _____ video
3. _____ multilingüe
4. _____ ciclón
5. _____ hidratante
6. _____ democracia
7. _____ visión
8. _____ esférico
9. _____ multicultural
10. _____ bicicleta

a. que proporciona agua o humedad
b. gobierno del pueblo
c. acción y efecto de ver
d. que puede verse
e. de muchas culturas
f. viento que gira en círculos
g. redondo como una pelota
h. vehículo con dos ruedas
i. cinta con imágenes grabadas
j. de muchas lenguas

Para hacer en casa: Pida a los estudiantes que al leer busquen más palabras que contengan las raíces de esta página.

Repaso de vocabulario de la Unidad 4

A. Completa las oraciones con palabras del recuadro.

extraño	absorber	maravilla	reparar	hocico

1. El zapatero me podrá _____ esta bota rota.

2. El animal del cuento era muy _____: tenía escamas en el cuerpo y pelo azul en las patas.

3. ¡Me han preparado una fiesta sorpresa! ¡Qué _____!

4. Mi perro tenía el _____ lleno de migas y la torta había desaparecido.

5. Las toallas sirven para _____ la humedad.

B. Vuelve a ordenar las sílabas para formar palabras del recuadro. Las pistas te ayudarán a hacerlo.

ansiedad	desastre	entusiasmado	abandonar	contribuir

1. encantado   maensiastudo   _____

2. aportar   buirtricon   _____

3. situación muy mala sasdetre   _____

4. preocupación   siedadan   _____

5. dejar solo   dobananar   _____

10 Libro 4/Unidad 4
Repaso

Para hacer en casa: Pida a los estudiantes que cuenten un cuento en el que usen varias palabras del vocabulario.

119

Repaso de vocabulario de la Unidad 4

A. Lee cada pregunta. Elige como respuesta una palabra del recuadro.

entorno	**original**	**curiosidad**	**armonía**	**radiante**

1. Cuando tienes interés en saber una cosa, ¿qué sientes? _____

2. Si te sientes y te ves muy bien, ¿cómo estás? _____

3. ¿Cómo puedes llamar al lugar que te rodea? _____

4. ¿Cómo se llama una combinación agradable de notas musicales?

_____

5. Pintas un cuadro y no hay otro igual que él. ¿Cómo podrías decir que es?

_____

B. Completa el párrafo con palabras del recuadro.

cooperar	**investigación**	**microscopio**	**organismo**	**pinchos**

Juana quiere ser bióloga cuando sea mayor. El otro día

estuvimos en su casa, mirando por su _____. Con él

se pueden ver _____ muy pequeños. Vimos uno que

parecía redondo con largos _____ en los lados. A

Juana le gustaría dedicarse a la _____ y trabajar con

otros biólogos para _____ en proyectos interesantes.

Para hacer en casa: Pida a los estudiantes que usen
algunas de las palabras del vocabulario para hacer su propio
juego de sopa de letras o de sílabas desordenadas.

120

Libro 4/Unidad 4
Repaso
10

Orden de los sucesos

En los cuentos, los sucesos están organizados en un cierto **orden,** es decir, van ocurriendo en una cierta secuencia. Reconocer el **orden de los sucesos** puede ayudarnos a entender lo que ocurre en la historia.

Cada grupo de las oraciones siguientes cuenta parte de una historia. Las oraciones no están en el orden debido. Numéralas del 1 al 4 en cada grupo, para poner los sucesos en el orden correcto.

1. _____ Después de desayunar, se preparó el almuerzo y lo puso en una bolsa para llevárselo.

   _____ A las 12:30, Sara salió de la oficina y almorzó en el parque.

   _____ Sara se despertó a las 7:00 de la mañana.

   _____ Sara salió de su casa para irse a trabajar.

2. _____ Por último, Jennifer sacó el pan del horno y dejó que se enfriara.

   _____ Después vertió la masa en el molde.

   _____ Primero, Jennifer mezcló los ingredientes necesarios para hacer un pan de plátano.

   _____ Metió el molde en el horno y lo dejó a 350 grados durante 60 minutos.

3. _____ El granjero decidió hacer un espantapájaros.

   _____ Plantó el espantapájaros en el trigal.

   _____ Buscó ropas viejas y las llenó de paja.

   _____ Observó cómo huía un pájaro, asustado por el espantapájaros.

4. _____ Marcos abrió el paraguas.

   _____ Empezaron a amontonarse nubes oscuras.

   _____ Cayeron las primeras gotas.

   _____ Una vez dentro, Marcos sacudió el agua del paraguas.

16 Libro 4/Unidad 5
Los tres pichones

Para hacer en casa: Pida a los estudiantes que cuenten por orden las cosas que hicieron a lo largo del día.

121

Vocabulario

Escribe la letra de la definición correspondiente a cada una de las palabras.

_____	**1.** disparatado	**a.**	dirigir, controlar
_____	**2.** persistente	**b.**	muy fuerte y brusco
_____	**3.** picardía	**c.**	absurdo, sin sentido
_____	**4.** precipitarse	**d.**	insistente, constante
_____	**5.** gobernar	**e.**	astucia
_____	**6.** violento	**f.**	lanzarse, apresurarse

Comprensión de lectura

Marca con una **X** las afirmaciones verdaderas referentes a "Los tres pichones". Si lo deseas, puedes repasar el cuento.

_____ **1.** Los tres pichones eran pájaros carpinteros.

_____ **2.** Los tres pichones querían ser patos.

_____ **3.** Los pichones querían saber adónde iban los ríos.

_____ **4.** El alcatraz les habló del mar.

_____ **5.** Le hicieron caso a su mamá y decidieron no hacerse marineros.

_____ **6.** Cuando regresaron, la madre carpintera estaba muy contenta de ver a los tres pichones convertidos en capitanes.

Para hacer en casa: Pida a los estudiantes que vuelvan a contar los sucesos de "Los tres pichones" con sus propias palabras.

122–123

Libro 4/Unidad 4
Los tres pichones 6

Leer un anuncio

Los **anuncios** tratan de conseguir que el lector compre o haga algo. Los lectores inteligentes piensan en lo que dicen los anuncios —y también en lo que no dicen— antes de tomar una decisión.

Lee el anuncio siguiente. Escribe el nombre del personaje o los personajes a los que podría interesar: los tres pichones, el alcatraz, la mamá de los pichones, el capitán del barco o el zunzún. Indica por qué le interesaría, y después escribe dos preguntas que podría hacer para tener más información sobre el producto.

Se alquilan postes de telégrafos

¿Cansado de andar buscando un tronco disponible cuando los carboneros están talando los árboles? ¡Nosotros tenemos la solución! Los postes de telégrafos de la Agencia Telecasa no lo decepcionarán. La magnífica calidad de su madera combinada con la tranquilidad de un hogar protegido por la Compañía Eléctrica del Sur es lo mejor para su próximo nido. Aproveche los últimos postes disponibles. ¡Llame al 333-4444 hoy mismo!

---

1. ¿A quién podría interesarle este producto? _____

2. ¿Por qué le interesaría? _____

_____

Preguntas que podría hacer:

3. _____

_____

4. _____

_____

Para hacer en casa: Pida a los estudiantes que busquen un anuncio de algo que les gustaría comprar. Después deberán escribir dos preguntas que harían respecto al producto antes de decidirse a comprarlo.

Orden de los sucesos

El **orden de los sucesos** es el orden en que ocurren los distintos eventos de una historia. Si entiendes el orden en que ocurren los sucesos, te será más fácil entender el argumento del cuento.

Lee las afirmaciones siguientes. Después escribe los números del 1 al 4 para indicar el orden de los sucesos.

1. Piensa en cómo buscó un nido la mamá de los tres pichones.

_____ Se conformó con un tronco abandonado, con una rama extendida sobre el río.

_____ Decidió buscar un árbol para hacer su nido.

_____ Se encontró con que los carboneros estaban talando árboles.

_____ Empezó a reunir ramas en el agujero del viejo tronco, formando un nido.

2. Piensa en cómo llegaron al mundo los tres pichones.

_____ La madre carpintera puso tres huevos.

_____ Los tres pichones rompieron sus cascarones.

_____ La madre carpintera hizo un nido.

_____ La madre carpintera incubó los huevos.

3. Piensa en cómo fue la conversación con el viejo alcatraz.

_____ Al oír hablar al alcatraz de las maravillas del mar, los tres pichones se convencieron de que querían ser marineros.

_____ El viejo alcatraz se posó en el tronco de los tres pichones.

_____ El alcatraz les respondió que vivía en el mar y les contó cómo era.

_____ Los tres pichones le preguntaron dónde vivía.

4. Piensa en cómo llegaron al mar los pichones.

_____ El nido llegó hasta el mar.

_____ El nido fue arrastrado río abajo por la corriente.

_____ El nido cayó al agua.

_____ Primero, empezaron a mecer el nido para que cayera del árbol.

Para hacer en casa: Pida a los estudiantes que expliquen por orden los sucesos de un cuento que les guste especialmente.

Libro 4/Unidad 4
Los tres pichones

125

16

Hacer inferencias

A veces hay que leer con gran atención para captar pistas sobre los personajes y los sucesos que nos describe un texto. Al usar estas pistas y lo que sabemos por nuestra propia experiencia, estamos **haciendo inferencias.**

Lee el pasaje siguiente. Después responde a las preguntas.

—¡No voy a entrar ahí! —gritó la pequeña Alba con sus cinco añitos, a primera hora de una mañana de otoño, dejándose caer sobre la acera frente al edificio de la escuela. Después, se aferró a la falda de su mamá mientras la maestra del jardín de infancia trataba de convencerla de que entrara.

—Lo vas a pasar muy bien el primer día —insistió la mamá de Alba, agarrando su maletín.

—Puedes jugar a un montón de cosas —añadió la maestra—. Puedes jugar con arcilla, dibujar o disfrazarte.

—Yo quiero irme a casa —gimió Alba.

1. ¿Cómo se siente Alba en el primer día de escuela? ¿Cómo lo sabes?

_____

_____

2. ¿Cómo se siente la mamá de Alba? Explícalo. _____

_____

3. ¿Crees que la mamá de Alba volverá a casa o irá a la oficina? ¿Cómo lo

sabes? _____

_____

4. ¿Crees que la maestra ha tenido experiencias parecidas con otros niños?

¿Cómo lo sabes? _____

_____

4 | Libro 4/Unidad 5
Los tres pichones

Para hacer en casa: Pida a los estudiantes que hagan inferencias sobre lo que ocurrirá en el primer día de clase de natación de Alba.

126

Claves de contexto

Muchas veces puedes averiguar qué significa una palabra que no conoces si te fijas en las **claves de contexto.** Las palabras y oraciones que lees junto a la palabra desconocida forman su contexto.

Lee las oraciones siguientes. Rodea con un círculo la letra correspondiente al significado de la palabra subrayada. Escribe las claves que te ayudaron a saber qué significaba.

1. Todos nos quedamos <u>mudos</u> cuando se levantó el telón; no se oía ni un susurro.

   a. sin hablar   **b.** sin dormir

   Claves: _____

2. Juan y Adela miraban las estrellas por un telescopio desde el <u>observatorio</u>.

   a. lugar donde se estudia el cielo   **b.** hospital para la vista

   Claves: _____

3. El <u>zunzún</u> es capaz de mover las alas a gran velocidad y tiene plumas de hermosos colores.

   a. un tipo de mariposa   **b.** un tipo de ave

   Claves: _____

4. En el lago había muchas <u>embarcaciones</u>, tanto canoas como botes de remos.

   a. aves   **b.** barcos o naves

   Claves: _____

Para hacer en casa: Pida a los estudiantes que lean un artículo de una revista y usen las claves de contexto para averiguar el significado de las palabras que no conozcan.

127

Libro 4/Unidad 5
Los tres pichones

4

Decidir si la información es o no importante

En una selección, cierta información es **importante.** Es la clase de información que pondríamos en un resumen. Otra información, en cambio, **no es importante.** Eso significa que sin esa información es probable que la historia se entendiera igual.

Lee la historia y la lista que aparece a continuación. Escribe una **I** si la información es importante. Escribe **NI** si no lo es.

El Sr. Valderas, redactor científico de una revista nacional, estaba una mañana de octubre trabajando en la biblioteca pública. Pero su computadora portátil le tenía desconcertado. Acababa de terminar la última frase de un artículo de 2,500 palabras sobre las abejas asesinas cuando la pantalla se oscureció de repente. El Sr. Valderas echó una ojeada a su reloj. Preocupado porque sólo le quedaba una hora de plazo para enviar el artículo, intentó dos veces que la computadora volviera a funcionar debidamente. Primero, trató de ajustar el botón de contraste, pero la pantalla permaneció oscura. Cada vez más nervioso, apagó la computadora, esperó un minuto y la volvió a poner en marcha. Pocos segundos después, una sonrisa de alivio se dibujaba en el rostro del Sr. Valderas.

1. _____ El Sr. Valderas había escrito un artículo de 2,500 palabras.

2. _____ Al Sr. Valderas le quedaba una hora de plazo para enviar su artículo.

3. _____ El Sr. Valderas consiguió que la computadora volviera a funcionar.

4. _____ El artículo del Sr. Valderas trataba de las abejas asesinas.

5. _____ El problema surgió en la biblioteca pública.

6. _____ El Sr. Valderas es redactor científico.

Libro 4/Unidad 5
Le mejor amiga de mamá
6

Para hacer en casa: Pida a los estudiantes que elijan una selección y que la lean. Deben escribir la información importante en un papel y leerla a un miembro de su familia.

128

Vocabulario

Completa cada oración con una palabra del recuadro.

diligencias	instinto	memorizar	alarma	adiestrar	mascota

1. Úrsula no hizo caso de la _____ de incendios cuando empezó a sonar.

2. Cuando no tenía perro, la mamá salía sola a hacer las _____.

3. Los ciegos tienen que _____ la ubicación de las cosas en cada habitación.

4. Un perro lazarillo realiza un trabajo; no es sólo una _____.

5. Hay que _____ a los perros con paciencia para que aprendan a ser lazarillos.

6. Los perros tienen el _____ de perseguir a los otros perros.

Comprensión de lectura

Escribe la respuesta a cada pregunta sobre "La mejor amiga de mamá".

1. ¿Qué sentía Leslie por la primera perra, llamada Marit? _____

2. ¿Por qué tienen que vivir los ciegos algún tiempo en The Seeing Eye?

_____

_____

3. Para Leslie, ¿cómo era la vida en casa mientras su mamá estaba en The Seeing Eye? _____

_____

4. Al final de la historia, ¿qué siente Leslie por Úrsula? _____

_____

Para hacer en casa: Pida a los estudiantes que resuman "La mejor amiga de mamá."

129–130

Libro 4/Unidad 5
La mejor amiga de mamá

4

Leer un periódico

Los **periódicos** están llenos de información importante sobre sucesos actuales. Hay periódicos de ámbito escolar, local, estatal o nacional. Normalmente, en un periódico hay diversas secciones, dedicadas cada una a un cierto tema. Y lo más importante, los periódicos están repletos de artículos. Cuando leemos un periódico debemos preguntarnos: *¿Quién? ¿Qué? ¿Dónde? ¿Cuándo? ¿Por qué?* y *¿Cómo?*

Lee la siguiente noticia. Responde luego a las preguntas.

LA VOZ DEL DELTA
20 nuevos graduados aúllan satisfechos
por JULES GLASS

ATLANTA, 2 DE MAYO—Ayer, en presencia de amigos, familiares e instructores, la Academia de Perros Lazarillos entregó sus títulos a 20 perros más que ayudarán a los ciegos. La academia, situada en el Paseo de los Olmos, lleva diez años preparando perros lazarillos. A cada uno de los graduados se le dio un diploma y un pequeño regalo. El director del centro pronunció unas palabras y alabó el intenso trabajo realizado por los perros. En la recepción celebrada tras el acto, los graduados, de las razas pastor alemán, labrador retriever y golden retriever, pudieron disfrutar de un sabroso banquete.

1. ¿Cómo se llama el periódico? _____

2. ¿Cuál es el titular de la noticia? _____

3. ¿Cuándo fue escrito el artículo? _____

4. ¿Cuándo se celebró la graduación? _____

5. ¿Dónde se celebró el acto? _____

6. ¿Qué información da el artículo? _____

Libro 4/Unidad 5 **La mejor amiga de mamá** 6

Para hacer en casa: Pida a los estudiantes que, con la información del artículo, respondan a las preguntas *¿Quién? ¿Qué? ¿Dónde? ¿Cuándo? ¿Por qué?* y *¿Cómo?* 131

Decidir si la información es o no importante

Ciertos detalles de una narración son **importantes.** Si la historia fuera contada por segunda vez, tendrían que ser incluidos. Otros detalles **no son importantes** y se añaden para dar a la historia mayor interés.

Lee los textos. Escribe la información importante y la que no lo es para completar los cuadros.

A. Carol se arrodilló cerca de la puerta de la cocina para acariciar a su perrito pachón. Al levantarse y echar una mirada al fogón, se dio cuenta de que la sopa de frijoles se iba a desbordar de la olla. Carol rebajó el fuego. Después puso la mesa y sirvió la sopa en cuencos de color morado a sus amigos Sara y Jamal.

Importante	No importante
1.	2.
3.	4.
5.	6.

B. Eran las tres de la tarde de un cálido día primaveral. El maratón estaba a punto de terminar. Juan, el corredor de la izquierda, llevaba una camiseta sin mangas y un pantalón verde. Lorenzo, que corría por el lado derecho, llevaba una camiseta marrón y pantalón azul. Los dos corredores iban a la par y parecían optimistas al ver que se acercaban a la meta.

Importante	No importante
1.	2.
3.	4.

Para hacer en casa: Pida a los estudiantes que clasifiquen los sucesos del día según sean importantes o no.

Libro 4/Unidad 5
La mejor amiga de mamá

132

10

Hacer inferencias

Los autores no siempre lo expresan todo claramente en sus historias. A veces tenemos que **hacer inferencias,** es decir, usar las pistas que nos da el texto, además de lo que nosotros podamos saber, para comprender lo que ocurre o lo que sienten los personajes.

Lee el cuento. Responde luego a las preguntas.

Afuera estaba lloviendo. Tartita, la perrita, se alzó y apoyó las patas delanteras en el alféizar de la ventana para ver mejor lo que pasaba. A los pocos minutos se volvió, dirigió a su dueña una mirada suplicante y gimió. Después salió corriendo hacia la puerta delantera del apartamento. La Sra. Pérez frunció el ceño, pero se levantó. Después de que la Sra. Pérez descolgara la correa del gancho y le pusiera el collar a la perra, ésta dio un ladrido y movió vigorosamente el rabo.

—Está bien, Tartita, mensaje recibido —dijo la Sra. Pérez, sonriendo.

Le rascó la cabeza y las dos salieron por la puerta.

1. ¿Qué quería Tartita? ¿Cómo lo sabes? _____

_____

2. ¿Por qué fruncía el ceño la Sra. Pérez? _____

_____

3. ¿Crees que la Sra. Pérez tiene a Tartita desde hace tiempo? ¿Cómo lo

sabes? _____

4. ¿Qué clase de relación tienen Tartita y su dueña? ¿Cómo lo sabes?

_____

_____

Para hacer en casa: Pida a los estudiantes que relean alguno de sus cuentos favoritos y que hagan dos inferencias basadas en lo que hace o dice el protagonista.

Lenguaje figurado

La *metáfora* es un tipo de **lenguaje figurado** en el que se comparan dos cosas, aunque sin expresar directamente la comparación con palabras como *igual que, parece, como,* etc. Por ejemplo, *Mi hermana es un cielo* es una metáfora.

Lee las oraciones siguientes, fijándote en la palabra subrayada que indica lo que se compara. Marca la letra correspondiente al significado correcto de la metáfora.

1. El charco era una bañera perfecta para el cachorro.

   a. El charco era perfecto para chapotear y jugar.

   b. El charco tenía el tamaño de una bañera.

2. La perra se convirtió en la sombra de mamá.

   a. La perra es de color oscuro.

   b. La perra sigue a mamá a todas partes.

3. Hay días en que mi perro es todo un payaso.

   a. El perro hace tonterías, cosas divertidas.

   b. El perro lleva gorro y una nariz roja de plástico.

4. Las ramas del árbol eran dedos alargados que señalaban al cielo.

   a. Las ramas se extendían hacia arriba.

   b. Alguien estaba escondido detrás del árbol y sólo sacaba una mano.

5. La muerte de la perra dejó un gran vacío en la familia.

   a. A la perra le gustaba cavar hoyos en el jardín.

   b. La familia sentía que le faltaba algo.

Para hacer en casa: Pida a los estudiantes que escriban una oración que contenga una metáfora.

Libro 4/Unidad 5
La mejor amiga de mamá

134

5

Hacer predicciones

> Cuando utilizamos lo leído en una historia para imaginar lo que puede ocurrir más adelante, estamos **haciendo una predicción.**

Lee cada párrafo. Rodea con un círculo la letra correspondiente a la mejor predicción.

1. Nicolás tenía miedo de los perros. Cuando pasaba por delante de la casa de los Nieto, su pastor alemán, un perrazo de 120 libras, salió corriendo y le ladró. ¿Qué hizo Nicolás?

   a. cruzar al otro lado de la calle

   b. pararse a jugar con el perro

2. A Carlota le gusta tener sus papeles bien ordenados. Todas las tardes, los clasifica cuidadosamente en carpetas. Un día, su sobrinito, que tiene cuatro años, abrió las carpetas y tiró los papeles por el suelo. ¿Qué crees que hizo Carlota cuando vio el desorden?

   a. Le dio los papeles a su sobrino para que dibujara.

   b. Recogió los papeles y volvió a clasificarlos.

3. Bart quería que su papá le regalase una bicicleta de montaña por su cumpleaños, pero su papá ha perdido su empleo. Bart es muy hábil arreglando las computadoras de sus amigos cuando no funcionan bien. ¿Qué crees que hará Bart?

   a. Bart intentará encontrar un empleo reparando computadoras después de la escuela y sólo se comprará la bicicleta si su familia no necesita el dinero para cosas más importantes.

   b. Bart irá a contarle a su abuelita que su papá no va a poder comprarle la bicicleta.

3 Libro 4/Unidad 5
El arroz del rajá

Para hacer en casa: Pida a los estudiantes que predigan algo que ocurrirá mañana en clase.

135

Vocabulario

Lee las palabras siguientes. Luego busca en la sopa de letras la palabra del vocabulario que tenga el mismo significado y rodéala con un círculo.

1. encantar   g a f a s c i n a r u t a f a

2. festejar   t r i c a c e l e b r a r a t ú n

3. confundido   r e d e s c o n c e r t a d o m e

4. asistente   m a s o a y u d a n t e n a

5. inspeccionar   r e q u e e x a m i n a r n o

6. sabiduría   s a t o c o n o c i m i e n t o r a

Comprensión de lectura

Responde por escrito a cada pregunta sobre "El arroz del rajá". Repasa el cuento si necesitas ayuda.

1. ¿Qué trabajo tenía Chandra? _____

_____

2. ¿Por qué estaban enfermos los elefantes? _____

3. ¿Por qué los doctores no lograban curar a los elefantes? _____

_____

4. ¿Crees que Chandra tomó una decisión inteligente al pedir arroz al rajá en lugar de joyas? _____

_____

5. ¿Qué crees que sintieron los aldeanos cuando supieron que la tierra que cultivaban iba a ser suya? _____

_____

Para hacer en casa: Pida a los estudiantes que le cuenten a una persona de su familia la parte más importante del cuento y que expliquen por qué tiene tanta importancia.

136–137

Libro 4/Unidad 5
El arroz del rajá

Seguir una receta

> Para seguir una **receta,** tienes que leer con cuidado toda la lista de ingredientes y las instrucciones antes de empezar.

Lee la receta siguiente. Luego contesta las preguntas.

Macedonia de frutas

1 melón	2 plátanos
1/2 sandía	2 piñas tropicales
1 racimo de uvas	jugo de limón

Instrucciones

Despepite bien el melón y la sandía antes de cortar su pulpa en trozos. Colóquelos en un cuenco grande y agregue las uvas, el plátano cortado en rodajas y la piña tropical troceada. Mézclelos bien y ponga esta mezcla a enfriar en el refrigerador durante un mínimo de 2 horas. Antes de servirla, agréguele el jugo de limón. La receta es para 6 personas.

1. ¿Cuántos ingredientes se necesitan para la receta? _____

2. ¿Qué ingredientes hay que trocear? _____

3. ¿Cuánto tiempo hay que enfriarlo en el refrigerador? _____

4. Si quisieras hacer el doble de cantidad, ¿cuántos plátanos usarías? _____

_____

5. Si quisieras preparar esta receta para tres personas, ¿cuántas piñas usarías?

_____

5 Libro 4/Unidad 5
El arroz del rajá

Para hacer en casa: Pida a los estudiantes que escriban la receta de un plato que sepan hacer.

138

Hacer predicciones

Cuando nos anticipamos e imaginamos lo que va a ocurrir en un cuento, **hacemos una predicción.** Los buenos lectores comprueban sus predicciones a medida que van leyendo, para ver si fueron correctas o no, y por qué.

Lee el texto y predice luego lo que puede ocurrir después. Rodea con un círculo la letra correspondiente a la predicción que elijas.

1. —Esta ropa está sucia —dijo Sam en voz alta al mirar sus *jeans* y su suéter llenos de barro—, pero tengo que llevarla en el partido. ¡Es mi uniforme de la suerte!

   a. Sam no irá al partido.

   b. Sam lavará la ropa.

2. "En la caja dice que eche una medida de detergente, pero creo que voy a ponerle más", pensó Sam. Echó dos medidas en la lavadora. Después se sentó a esperar que la máquina lavara la ropa.

   a. Se produjo demasiada espuma y la máquina se desbordó.

   b. La máquina lavó la ropa como siempre.

3. La mamá de Sam se presentó de pronto en el sótano. Le recordó a Sam que no debía usar la lavadora si no había nadie en casa. La mamá le señaló un balde y un trapo para fregar el piso.

   a. Sam tendrá que irse directamente a su cuarto.

   b. Sam tendrá que limpiar el piso mojado y lleno de espuma.

4. Sam encontró a su mamá en la sala de estar. Ya no parecía enojada. Se acercó hasta ella con una media sonrisa.

   a. Sam le dijo a su mamá que lo sentía.

   b. Sam le dijo que necesitaba ropa nueva.

Para hacer en casa: Pida a los estudiantes que expliquen el porqué de sus predicciones.

Libro 4/Unidad 5
El arroz del rajá

4

Hacer inferencias

> Cuando leemos, muchas veces tenemos que ir más allá de las palabras exactas impresas. Debemos **hacer inferencias** sobre los motivos de los personajes para comportarse como lo hacen, y para explicarnos por qué ocurren las cosas.

Lee cada texto. Después responde a las preguntas.

Daniel se sentó tranquilamente en el sofá del salón, con la cabeza descansando sobre un cojín y las piernas apoyadas en otro. Por todas partes había pilas de tareas escolares terminadas.

—Daniel, ¿quieres que salgamos a comer algo? —preguntó su hermano.

—¿A ti qué te parece? —dijo Daniel, hundiendo la cabeza en el cojín.

1. ¿Cómo se siente Daniel? ¿Cómo lo sabes? _____

_____

2. ¿Qué motivo tiene Daniel para sentirse así? _____

_____

_____

—¡Caramba! —gritó Berto al leer la carta que acababa de recibir—. ¡Me van a publicar el libro! ¡Tardé tres años en escribirlo, pero ha valido la pena!

Berto se puso a bailar por el patio de su casa, agitando la carta en la mano.

3. ¿Qué siente Berto cuando lee la carta? ¿Cómo lo sabes? _____

_____

4. ¿Qué habría hecho Berto si hubiera recibido la noticia contraria? _____

_____

_____

4 | Libro 4/Unidad 5
El arroz del rajá

Para hacer en casa: Pida a los estudiantes que hagan inferencias sobre los sentimientos de miembros de su familia, basándose en la observación de su conducta.

140

Claves de contexto

Muchas veces puedes averiguar lo que significa una palabra que no conoces si te fijas en las **claves de contexto.** En ocasiones te puede parecer que conoces la palabra, pero no tal como se utiliza en ese caso concreto. Fíjate dónde se usa la palabra en el párrafo y de qué parte de la oración se trata.

Lee las oraciones siguientes para descubrir el significado de las palabras subrayadas. Marca la letra correspondiente al sentido correcto.

1. En el día de la recaudación, los elefantes se llevaban todo el arroz que los aldeanos pagaban al rajá.

   a. cobro de impuestos   **b.** celebración

2. A Chandra le enfurecía ver que el rajá se quedaba con todo el arroz.

   a. enojaba   **b.** extrañaba

3. Chandra se asomó al portón del patio para ver a los elefantes.

   a. tipo de planta   **b.** tipo de puerta

4. Chandra examinó las uñas y las cutículas de los elefantes.

   a. piel que bordea la uña   **b.** punta de la cola

5. La desaprobación de los aldeanos se veía en sus caras de enojo.

   a. aceptación   **b.** desacuerdo

Para hacer en casa: Pida a los estudiantes que escriban otras oraciones en las que usen las palabras subrayadas de esta página.

141

Libro 4/Unidad 5
El arroz del rajá
5

Decidir si la información es o no importante

Hay datos que son más importantes que otros. Si tuviéramos que resumir una selección, pondríamos en el resumen la **información más importante,** y dejaríamos fuera la **información sin importancia.**

Lee la selección. Marca con ✔ la información importante para un resumen.

¿Eres un poco dormilón? Bueno, no eres el único. La mayor parte de los animales, sean gatos, perros, ratones o conejos necesitan dormir o descansar, igual que nosotros los humanos.

Algunos animales duermen durante largos periodos. Otros, en cambio, lo hacen a ratitos. Los gatos duermen mucho tiempo; son unos dormilones de tomo y lomo. Pueden llegar a dormir 16 horas al día. Si un animal duerme muchas horas al día, es que no tiene enemigos a los que temer mientras duerme. En cambio, los animales que tienen que protegerse de sus predadores duermen poco, o se encaraman a sitios donde sus enemigos no puedan alcanzarlos. No es de extrañar que los gatos puedan hacerse un ovillo y descansar en cualquier momento.

Los ratones y los conejos no duermen mucho tiempo seguido. Han de estar siempre alerta y sólo se echan pequeñas siestas. A ningún ratón le gusta que le sorprendan roncando cuando hay un gato merodeando por los alrededores.

1. _____ La mayor parte de los animales necesitan dormir o descansar.

2. _____ Los gatos pueden hacerse un ovillo y descansar en cualquier momento.

3. _____ Si un animal duerme muchas horas al día, es que no tiene enemigos a los que temer mientras lo hace.

4. _____ Los animales que tienen que protegerse de sus predadores duermen poco.

5. _____ Los gatos son unos dormilones de tomo y lomo.

6. _____ A ningún ratón le gusta que le sorprendan roncando cuando hay un gato merodeando por los alrededores.

6 Libro 4/Unidad 5
¿Podemos salvar los arrecifes coralinos?

Para hacer en casa: Pida a los estudiantes que lean un artículo de periódico y que identifiquen la información más importante.

142

Vocabulario

Lee la palabra de la columna 1. Luego escribe en el espacio en blanco la letra de la definición correcta de la columna 2.

Columna 1	Columna 2
1. _____ coral	**a.** mal causado por algo
2. _____ por ciento	**b.** colonia de corales
3. _____ arrecife	**c.** 2,000 libras
4. _____ daño	**d.** animal marino
5. _____ desprender	**e.** cantidad de algo en relación con 100
6. _____ tonelada	**f.** separar o soltar

Comprensión de lectura

Puedes repasar "¿Podemos salvar los arrecifes coralinos?" para contestar las preguntas siguientes.

1. ¿Qué causas han destruido ya el 10 por ciento de los arrecifes del mundo?

_____

2. ¿Cuántas clases diferentes de coral hay? _____

_____

3. ¿Qué aspecto tiene el coral? _____

_____

_____

4. ¿Cómo podemos dañar los corales desde tierra adentro? _____

_____

_____

_____

143–144   **Para hacer en casa:** Pida a los estudiantes que piensen cómo lograr que la gente de su comunidad tenga conciencia de los peligros que corren los arrecifes coralinos.

Libro 4/Unidad 5
¿Podemos salvar los arrecifes coralinos?

Usar una guía telefónica

Una **guía telefónica** contiene las listas de teléfonos y las direcciones de personas y negocios.

En las **páginas blancas** aparecen por orden alfabético los nombres de las personas, con sus números de teléfono y sus direcciones.

En las **páginas amarillas** aparecen los negocios, con sus números de teléfono y direcciones, agrupados por orden alfabético según el tipo de producto que venden o el servicio que ofrecen.

Usa la información del recuadro para contestar las siguientes preguntas.

1. ¿Qué páginas consultarías si quisieras buscar el teléfono de una agencia de

   viajes? _____

2. ¿Qué teléfonos se incluyen en las páginas blancas? _____

   _____

3. Quieres volver a una librería a la que fuiste una vez, pero no recuerdas la

   dirección. ¿En qué páginas podrías buscarla? _____

   _____

4. ¿Dónde buscarías el teléfono de la familia de un amigo tuyo? _____

   _____

⬜4

Libro 4/Unidad 5
¿Podemos salvar los arrecifes coralinos?

Para hacer en casa: Pida a los estudiantes que busquen en la guía telefónica el nombre y la dirección de una librería.

145

Hacer predicciones

Los buenos lectores **hacen predicciones,** es decir, van pensando en lo que puede pasar más adelante antes de llegar a leerlo. Mientras leen, van comprobando si eran correctas sus predicciones.

Lee el texto. Rodea con un círculo la letra que corresponda a lo que tú predices que ocurrirá.

1. A Maki le encanta el básquetbol, lo mismo que a otras muchachas de su vecindario. Maki avisa a su mamá de que va a salir y agarra su nueva pelota de básquetbol.

   a. Jugará al básquetbol con las otras muchachas.

   b. Irá de compras con sus amigas.

2. A Lucas le regalaron por su cumpleaños un aparato para hacer yogur. Al principio no le pareció un gran regalo, pero después su padrastro le dijo que se le podría sacar provecho para ganar dinero.

   a. Lucas regalará el aparato en cuanto pueda.

   b. Lucas hará yogures y los venderá en su vecindario.

3. A Marco se le ha roto la montura de las gafas. La óptica no abre hasta el lunes, por lo que no puede cambiarla inmediatamente. Marco está buscando cinta adhesiva transparente.

   a. Marco tratará de reparar provisionalmente las gafas.

   b. Marco le pedirá prestadas las gafas a otra persona.

4. Pilar tiene miedo de toda clase de gérmenes. No quiere estrechar la mano de nadie, ni beber del vaso de sus amigos. El amigo que está sentado junto a ella acaba de toser.

   a. Pilar irá a sentarse a otro lugar.

   b. Pilar mirará si su amigo necesita ayuda.

Para hacer en casa: Pida a los estudiantes que identifiquen qué pistas del texto o qué elementos de experiencia personal les han servido para hacer sus predicciones.

146

Libro 4/Unidad 5
¿Podemos salvar los arrecifes coralinos?

4

Lenguaje figurado

> Los escritores usan el **lenguaje figurado** para crear imágenes en las mentes de los lectores. Las *metáforas,* o comparaciones entre dos cosas aparentemente distintas, son un tipo de lenguaje figurado.

Fíjate bien en las oraciones al leerlas. Escribe **M** si contienen una metáfora.

1. _____ Los peces brillaban en el agua cristalina.

2. _____ Ese domingo de agosto, la alberca del barrio era una sopa de fideos.

3. _____ A todos nos gusta el clima cálido del trópico.

4. _____ Un buen libro y una hamaca: ésa es mi medicina preferida contra la tensión.

5. _____ Las plantas marinas formaban un complicado laberinto.

6. _____ La playa estaba llena de caracolas de colores.

7. _____ El submarinista veía largos dedos de luz que se movían entre las algas.

8. _____ En los arrecifes hay peces de muchos colores.

Mira las palabras subrayadas en las oraciones siguientes. Rodea con un círculo la letra de la metáfora que podrías usar en cada caso.

9. Las olas eran muy grandes y se estrellaban contra la costa.

   a. El mar era una fiera enfurecida.

   b. El mar era un gran espejo azulado.

10. El arrecife tenía muchos colores distintos.

   a. El arrecife era una montaña de oro.

   b. El arrecife era un arco iris.

Libro 4/Unidad 5
¿Podemos salvar los arrecifes coralinos?
10

Para hacer en casa: Pida a los estudiantes que nombren las dos cosas que se comparan en las metáforas que identificaron en esta página.

147

Claves de contexto

Si no conoces una palabra, puedes usar las palabras que la rodean para tratar de definirla. Esas otras palabras son las **claves de contexto** que te permiten definir la palabra nueva.

Lee con atención las oraciones siguientes. Usa las claves de contexto para averiguar el sentido de la palabra subrayada. Rodea con un círculo la letra correspondiente al significado correcto. Luego anota las claves que has utilizado.

1. Los crustáceos, como las langostas y los cangrejos, habitan tanto las aguas frías como las templadas.

   a. algas de gran tamaño   **b.** animales acuáticos con caparazón

   Pistas: _____

2. En las aguas abisales no puede haber arrecifes porque no llega la luz.

   a. muy profundas   **b.** de la superficie

   Pistas: _____

3. Aunque mucha gente teme a las barracudas, estos peces no suelen atacar si no se los molesta.

   a. cangrejos grandes   **b.** peces con dientes afilados

   Pistas: _____

4. El anciano orfebre había adornado la cajita de oro con un trozo de coral.

   a. joyero   **b.** cristalero

   Pistas: _____

5. El congrio es una de las especies de anguilas más grandes y puede alcanzar los 2.7 metros de longitud.

   a. pez volador   **b.** anguila grande

   Pistas: _____

Para hacer en casa: Pida a los estudiantes que usen algunas de las palabras de esta página en oraciones que digan en voz alta, agregándoles otras claves de contexto.

Repaso de vocabulario de la Unidad 5

A. Usa las pistas y las palabras del recuadro para completar el crucigrama.

| arrecife | mascota | ayudante | violento | desconcertado | memorizar |

Horizontales

1. Un lugar donde hay muchos

corales es un _____.

2. Mi perro es la mejor _____
del mundo.

3. Una persona que ayuda a otra en

el trabajo es su _____.

Verticales

4. _____ un poema es lo mismo
que aprenderlo de memoria.

5. Julián no sabía qué hacer;

estaba _____.

6. _____ es lo contrario
de *pacífico.*

B. Completa el párrafo con palabras del recuadro.

| precipitarse | alarmas | daño | desprenderse |

La escena era terrible: mientras sonaban las _____ de los camiones de

bomberos, las llamas consumían el edificio y un balcón estaba a punto de

_____ de la fachada. Podía llegar a _____ al vacío y caer a la

calle. Los bomberos desalojaban a la gente para que nadie se hiciera

_____.

Libro 4/Unidad 5
Repaso
10

Para hacer en casa: Pida a los estudiantes que cuenten
un cuento en el que usen cuatro palabras del vocabulario.

149

Repaso de vocabulario de la Unidad 5

A. Completa las oraciones con palabras del recuadro.

tonelada	instinto	adiestrar	celebrar

1. Hicimos una gran comida para _____ la inauguración de la nueva casa.

2. ¡Este diccionario pesa una _____!

3. Los gatos tienen el _____ de perseguir a los ratones.

4. Quiero _____ a mi perro para que no tire de la correa.

B. Lee cada palabra numerada y escribe junto a ella su sinónimo del recuadro. Después escribe una oración que contenga ese sinónimo.

disparatadas	persistente	gobernar	diligencias

5. mandados _____

_____

6. absurdas _____

_____

_____

7. dirigir _____

_____

8. continuo _____

_____

Para hacer en casa: Pida a los estudiantes que hagan su propio crucigrama a partir de algunas de las palabras de esta página.

Causa y efecto

La observación de las relaciones de **causa y efecto** que hay en un texto permite comprenderlo mejor. Una causa es lo que hace que ocurra algo. Un efecto es lo que sucede por ese motivo.

Lee el párrafo siguiente. Después responde a las preguntas.

Una de las causas de la segregación racial en el Sur se remonta a los años posteriores a la Guerra Civil. La Guerra Civil acabó con la esclavitud en Estados Unidos; sin embargo, un tiempo después, algunos estados sureños aprobaron leyes que negaban a los ciudadanos afroamericanos la igualdad de derechos. Los negros no podían ir a las mismas escuelas o restaurantes y ni siquiera podían beber agua de las mismas fuentes que los blancos. A los afroamericanos se les impedía votar en las elecciones y presentarse a cargos públicos.

1. ¿Cuál fue uno de los efectos de la Guerra Civil? _____

_____

2. ¿Qué hicieron algunos estados del Sur tras el fin de la esclavitud? _____

_____

_____

3. ¿Cuál fue uno de los efectos concretos de las leyes segregacionistas?

_____

_____

_____

4. ¿Por qué no podían los ciudadanos afroamericanos del Sur votar u ocupar

cargos públicos después de la Guerra Civil? _____

_____

_____

4

Libro 4/Unidad 6
Compañeros de equipo

Para hacer en casa: Pida a los estudiantes que cuenten algo que sucedió en el salón de clases y que después identifiquen la causa del suceso.

151

Vocabulario

Lee las pistas siguientes. Luego busca en la sopa de letras la palabra del vocabulario que tenga el mismo significado y rodéala con un círculo.

1. agrupación de
   personas   c a t a o r g a n i z a c i ó n a r

2. motivo o pretexto   p a r a t o e x c u s a c í n

3. del equipo contrario   r e t o p o n e n t e p a r e n

4. enfrentarse para ganar   c u r r i c o m p e t i r a d o

5. impresionante   m i t e x t r a o r d i n a r i o s a

6. pasar de uno a otro   s i m a t o c i r c u l a r a s a

Comprensión de lectura

Marca con una ✔ cada oración que corresponda a la información de "Compañeros de equipo".

1. _____ La segregación racial era legal en los años 40.

2. _____ En los años 40, las Ligas Mayores estaban reservadas a los jugadores blancos.

3. _____ En los años 40, la mayoría de los estadounidenses luchó contra los prejuicios raciales.

4. _____ Branch Rickey era el gerente de los Brooklyn Dodgers.

5. _____ Jackie Robinson era una estrella de las Ligas Negras.

6. _____ Los jugadores de los equipos contrarios trataron a Robinson como a cualquier otro jugador.

7. _____ Jackie Robinson discutió con el Sr. Rickey sobre su derecho a devolver los golpes.

8. _____ Pee Wee Reese se hizo amigo de Jackie Robinson.

Para hacer en casa: Pida a los estudiantes que usen algunas palabras del vocabulario para contar lo que saben de Jackie Robinson.

152–153

Libro 4/Unidad 6
Compañeros de equipo 8

Usar el catálogo general: Fichas de tema

Cuando buscas un libro en la biblioteca sobre un tema concreto, puedes usar el **catálogo general.** La **ficha de tema** te ayudará a encontrar libros que pueden interesarte cuando buscas información sobre una materia general, como el béisbol o la Guerra Civil.

Béisbol, ficción

JD	Slote, Alfred	**Autor**
	¡Aquí está Buck McHenry!	**Título**
	Nueva York: Harper Collins, 1991	**Editorial**

Número de páginas   187   Ilustraciones
1. Béisbol   2. Ligas Negras

Resumen: Jason, un niño de once años, cree que el guarda de la escuela es Buck McHenry, un famoso lanzador de la antigua Liga Negra. Trata de convencer a su ídolo de que se haga entrenador del equipo infantil revelando su identidad ante los dermás.

Usa la ficha de tema para contestar las preguntas siguientes

1. ¿De qué tema trata el libro? _____

2. ¿Cuál es el título? _____

3. ¿Quién es el autor? _____

4. ¿Cuántas páginas tiene el libro? _____

5. ¿Tiene ilustraciones? _____

6. ¿Cuándo puede ser útil una ficha de tema? _____

_____

Libro 4/Unidad 6
Compañeros de equipo
6

Para hacer en casa: Pida a los estudiantes que elijan tres temas sobre los que les gustaría buscar libros en la biblioteca.

154

Causa y efecto

Al leer, es importante distinguir entre causas y efectos. Una **causa** es el porqué de algo y un **efecto** es lo que pasa como resultado.

Lee cada uno de los párrafos siguientes. Indica después si cada una de las afirmaciones es la **causa** o el **efecto**.

Jackie Robinson corría muy bien las bases. Incluso cuando no lograba robar una base, ayudaba de otras formas a ganar a los Dodgers. Robinson bailaba en la primera base, retando casi al lanzador a que tratara de sacarlo *out.* Entonces el lanzador perdía la concentración y lanzaba mal al bateador.

1. Jackie Robinson bailaba en la base y casi provocaba al lanzador a que tratara de mandarlo *out.* _____

2. El lanzador perdía la concentración y lanzaba mal. _____

Jackie Robinson hizo de los Brooklyn Dodgers un gran equipo. Jugó con ellos durante nueve años, desde 1947 hasta 1956. En los últimos 20 años precedentes a 1947, los Dodgers sólo habían jugado en una Serie Mundial. Con Jackie a la cabeza, los Dodgers ganaron la Liga Nacional cinco veces. En 1955 fueron los campeones de la Serie Mundial contra los Yankees de Nueva York.

3. Los Dodgers ganaron cinco veces la Liga Nacional y una Serie Mundial.

_____

4. Jackie Robinson estuvo jugando nueve años con los Dodgers.

_____

Para hacer en casa: Pida a los estudiantes que, durante el tiempo que dedican a leer por su cuenta, se fijen en las relaciones de causa y efecto.

155

Libro 4/Unidad 6
Compañeros de equipo

4

Expresar opiniones y tomar decisiones

Los personajes de los cuentos **expresan opiniones y toman decisiones.**
Los lectores se forman opiniones y toman decisiones sobre lo que los
personajes deciden hacer o no hacer.

Lee el párrafo siguiente. Responde luego a las preguntas.

Jackie Robinson era un hombre orgulloso que detestaba
perder. Era la clase de atleta que jamás se daba por vencido. Por
eso fue tan insólito lo que hizo durante los primeros años en los
Dodgers. Branch Rickey hizo que Jackie prometiera que no
devolvería golpe por golpe. Así, cuando la gente lo insultaba, le
lanzaba objetos o trataba de cerrarle el paso, Rickey esperaba que
Robinson se desentendiera, sin más. Rickey le dijo a Robinson que
si se desentendía de sus agresores y los dejaba solos, serían ellos
quienes quedarían mal. Para Robinson, no hacer caso era como
rendirse, pero también sabía que al no contraatacar estaría
defendiendo la causa de los jugadores negros de béisbol.

1. ¿Qué decisión tenía que tomar Jackie? _____
_____

2. ¿Era justo que Branch Rickey pidiera eso a Robinson? _____
_____
_____

3. ¿Por qué fue una decisión tan difícil de tomar? _____
_____

4. ¿Resultó acertada la decisión de Robinson? ¿Por qué? _____
_____
_____

4 | Libro 4/Unidad 6
Compañeros de equipo

Para hacer en casa: Pida a los estudiantes que hablen de
alguna decisión difícil que hayan tenido que tomar.

156

Claves de contexto

> Recuerda que las **claves de contexto,** o las palabras y frases del resto del texto, pueden ayudarte a entender las palabras que no conozcas.

Lee el cuento y las claves de contexto que aparecen después, en el recuadro. Luego escribe la palabra en letra negrita y la letra de la clave que te ayudó a entenderla.

Maite estaba **ansiosa** antes del partido: le sudaban las manos, incluso le temblaban un poquito. Pero se le pasó en cuanto oyó pitar al Sr. Gómez, el **árbitro,** y salió al campo. Todas las jugadoras de su equipo estaban en plena forma; incluso Francisca, que había tenido una **lesión** en la rodilla, estaba recuperada y dispuesta a dar todo de sí. De repente, Maite se encontró cerca de la portería contraria: si la **guardameta** no paraba el balón a tiempo, Maite tendría la oportunidad de marcar. Le dio una patada al **esférico,** lanzándolo a tal velocidad que fue imposible pararlo. ¡GOOOOLLLL! era el grito ensordecedor que oyó Maite mientras daba brincos de la emoción.

> **a.** portería, no paraba el balón a tiempo
>
> **b.** le sudaban las manos, le temblaban
>
> **c.** le dio una patada, lanzándolo a tal velocidad
>
> **d.** Sr. Gómez, pitar
>
> **e.** en la rodilla, recuperada

1. daño en el cuerpo _____

2. nerviosa _____

3. persona que dirige un juego _____

4. portero o portera _____

5. balón _____

Para hacer en casa: Pida a los estudiantes que usen claves de contexto para tratar de averiguar el significado de palabras que hallen en un artículo de un periódico o una revista.

Problema y solución

> Ocurre muchas veces que un personaje de un cuento tiene un **problema.** Lo que el personaje hace para corregirlo es la **solución.**

Lee cada uno de los pasajes siguientes. Completa después los cuadros identificando el problema y la solución de cada uno.

Olga quería que su amiga Yin fuera a visitarla después de la escuela. Pero Carla, la hermanita pequeña de Olga, iba a estar todo el tiempo fisgando y fastidiando. Entonces, a Olga se le ocurrió una idea. Le preguntó a su mamá si también podría venir Lei, la hermana pequeña de Yin. Carla y Lei lo pasarían bien juntas, y las muchachas mayores podrían hablar de sus cosas sin ser molestadas.

Problema	Solución
1.	2.

Miguel era un buen bateador. Pero desde que había ingresado en el equipo de la escuela no había conseguido ningún hit: no podía dejar de pensar en que cuando le tocaba batear, todo el mundo estaba pendiente de él. Entonces le pidió consejo a su hermano. Tim le dijo que se imaginara que estaba en el patio trasero de la casa, sin que nadie lo mirara. En el siguiente partido de la escuela, Miguel hizo un hit.

Problema	Solución
3.	4.

Para hacer en casa: Pida a los estudiantes que relean una historia que ya conozcan para identificar en ella un problema y su solución.

Vocabulario

Completa las oraciones con palabras del vocabulario.

aliento	resignarse	avanzar	satisfecho	capaz	encargo

1. Era difícil _____ por el sendero lleno de plantas.

2. Mi mamá me pidió que le hiciera un _____.

3. Estoy muy _____ del dibujo que hice.

4. Cuando llegamos a la cima del monte, estábamos sin _____.

5. Elisa no quería _____, pero no podíamos ir a acampar con tanta lluvia.

6. ¡Yo soy _____ de levantar 40 libras de peso!

Revisión 160

Comprensión de lectura

Contesta las siguientes preguntas referentes a "La piedra del zamuro". Si lo deseas, puedes consultar el cuento.

1. ¿Cuál era el problema de Tío Conejo? _____

_____

2. ¿Qué consejo le dio Tío Morrocoy? _____

_____

3. ¿Qué le pidió al Tío Conejo el Rey Zamuro? _____

_____

4. ¿De qué sirvió en realidad la piedra del zamuro? _____

_____

_____

Para hacer en casa: Pida a los estudiantes que escriban un párrafo sobre la parte de "La piedra del zamuro" que más les gustó.

159–160

Libro 4/Unidad 6
La piedra del zamuro

Usar el catálogo general: Fichas de autor y de título

El **catálogo general** de una biblioteca te ayuda a encontrar los libros que buscas. Si sabes quién es el autor de un libro, pero no te acuerdas del título exacto, puedes consultar la **ficha de autor.** Si conoces el título, puedes buscar la **ficha de título.**

Ficha de autor

Ilus A **Signatura**

Autor	Alcántara, Ricardo
Título	El llanto del león
Resumen	Los demás animales están hartos del león, que siempre anda molestando. Al principio, el león está triste, pero luego se enoja y decide hacerse rey de la selva. Su fama llega hasta el director de un circo, que quiere atrapar al animal para sacarle provecho en un espectáculo.
Illustrador	Irene Bordoy
Editorial/Fecha	Barcelona: Aliorna, 1987
Número de páginas	34 páginas

Usa la ficha de arriba para contestar las preguntas siguientes.

1. ¿Quién escribió este libro? _____

2. ¿Qué parte de la ficha te da una idea general del tema del que trata el libro?

_____

3. ¿En qué se diferenciaría esta ficha de autor de una ficha de título? _____

_____

4. ¿Quién ha ilustrado el libro? _____

5. Si quisieras escribirle una carta a la editorial, ¿a qué ciudad la enviarías?

_____

Libro 4/Unidad 6
La piedra del zamuro
5

Para hacer en casa: Pida a los estudiantes que hagan una ficha de autor o de título de un libro que les guste.

161

Problema y solución

A veces, son más de uno los personajes de los cuentos que tienen algún problema. Debes leer atentamente para identificar cada **problema** y su **solución**.

Lee el pasaje siguiente. Responde después a cada una de las preguntas.

La mamá de Brenda estaba preocupada. Era la primera vez que dejaba que Brenda volviera sola de la escuela. Eran las 3:30 p.m. y Brenda ya llevaba 20 minutos de retraso. Finalmente, la mamá salió a buscarla y la encontró charlando alegremente con unas amigas. Brenda no comprendía por qué su mamá estaba tan preocupada. Tenía miedo de que su mamá no volviera a dejarla volver andando sola de la escuela.

Más tarde, Brenda le dijo a su mamá que para ella era importante poder regresar por su cuenta. Se pusieron de acuerdo en que la muchacha llevara un reloj para no olvidarse de la hora. Tendría que estar de vuelta en casa todos los días a las 3:20 p.m.

1. ¿Qué problema tiene la mamá de Brenda?

   a. Ha perdido su reloj.

   b. No sabe por qué se retrasa su hija.

2. ¿Cómo resuelve la mamá el problema?

   a. Llama a sus vecinas.

   b. Sale a buscar a Brenda.

3. ¿En qué consiste el problema de Brenda?

   a. Quiere poder charlar con sus amigas mientras vuelve a casa.

   b. No quiere volver andando sola.

4. ¿Qué solución acuerdan Brenda y su mamá?

   a. Brenda se comprará un reloj en el camino de vuelta a casa.

   b. Brenda llevará reloj y estará de vuelta en casa a las 3:20 p.m.

Para hacer en casa: Pida a los estudiantes que expresen sus opiniones sobre los problemas y soluciones de los dos personajes.

162

Libro 4/Unidad 6
La piedra del zamuro
4

Causa y efecto

> Muchos lectores buscan relaciones de **causa y efecto** mientras leen. Se preguntan "¿qué está ocurriendo?" y "¿por qué?".

Lee cada uno de los pasajes siguientes. Escribe después la causa o el efecto que falte.

> Cada año, por abril, vemos muchos gansos pasar volando. Se dirigen al norte, porque ha llegado el momento de su migración. Este año han cortado hace poco el maíz de un maizal vecino y ha quedado grano esparcido por el suelo. Este maizal era un lugar ideal para que los ánades comieran y descansaran.

1. **Causa:** Es la época de la migración para los gansos.

   Efecto: _____

2. **Causa:** Acaban de cortar el maíz en un maizal y ha quedado grano esparcido por el suelo.

   Efecto: _____

   _____

> Raquel está furiosa. Ella quiere jugar al fútbol, pero su mamá está empeñada en que toque el piano. A Raquel le gusta llevar *jeans*, pero su mamá sólo le compra vestidos. Raquel quiere que su mamá deje de organizar su vida. También quiere adoptar una postura firme. Empaca sus cosas y le dice a su mamá que se va a vivir con su abuela.

3. **Causa:** _____

   Efecto: Raquel está furiosa.

4. **Causa:** _____

   Efecto: Raquel empaca sus cosas y le dice a su mamá que se va a vivir con su abuela.

---

4 Libro 4/Unidad 6
La piedra del zamuro

Para hacer en casa: Pida a los estudiantes que escriban qué cosas les hacen difícil un día en la escuela, y qué otras hacen que el día sea bueno.

163

Sinónimos y antónimos

> Dos palabras son **sinónimos** si tienen significado parecido.

Escribe la letra del sinónimo de cada una de las palabras numeradas.

_____ 1. oculto   **a.** feliz

_____ 2. lograr   **b.** aproximarse

_____ 3. montaña   **c.** saltar

_____ 4. justamente   **d.** dar

_____ 5. acercarse   **e.** escondido

_____ 6. contento   **f.** precisamente

_____ 7. entregar   **g.** monte

_____ 8. brincar   **h.** conseguir

> Dos palabras son **antónimos** si una significa lo contrario de la otra.

Escribe la letra del antónimo de cada una de las palabras numeradas.

_____ 1. imposible   **a.** negra

_____ 2. ocultar   **b.** alejar

_____ 3. contento   **c.** mostrar

_____ 4. dar   **d.** posible

_____ 5. blanca   **e.** triste

_____ 6. cerca   **f.** oscuro

_____ 7. luminoso   **g.** quitar

_____ 8. acercar   **h.** lejos

Para hacer en casa: Pida a los estudiantes que escriban una oración con dos sinónimos y otra con dos antónimos.

164

Libro 4/Unidad 6
La piedra del zamuro
16

Expresar opiniones y tomar decisiones

Cuando leas, ponte en el lugar del personaje principal. Fíjate en las opciones de que dispone. Piensa en las **opiniones y decisiones** que tomarías tú si fueras el personaje del cuento.

Lee el párrafo siguiente y escribe luego tus respuestas. Después ayuda a Lamont, completando su lista de razones para decidir si debe jugar en el partido o ir al taller.

Lamont pertenece al equipo de básquetbol de la escuela. Es buen jugador, aunque no la estrella del equipo. El equipo ha estado trabajando mucho toda la temporada y sólo ha ganado un partido. Ahora tienen la oportunidad de ganar el próximo.

El maestro de Lamont lo ha seleccionado para representar a la escuela en un taller de liderazgo. Es un gran honor y sus padres estarán muy orgullosos. Pero Lamont tendría que faltar al próximo partido de básquetbol. Sabe que su equipo cuenta con que jueguen todos y que jueguen bien. Lamont no soporta la idea de decepcionar a sus amigos y a su entrenador.

1. ¿Qué decisión tiene que tomar Lamont? _____

_____

Jugar con mi equipo	Ir al taller
Quiero formar parte de un equipo vencedor.	**2.**
No quiero fallarles a mis amigos ni al entrenador.	Soy un buen jugador, pero no soy la estrella del equipo.
	3.

4. ¿Qué crees tú que decidirá Lamont? ¿Por qué? _____

_____

_____

4   Libro 4/Unidad 6
El millonario de la pasta de dientes

Para hacer en casa: Invite a los estudiantes a preparar una lista parecida a la de Lamont para alguna decisión importante que tengan que tomar.

165

Vocabulario

anuncio	brillante	caro	galón	éxito	ingrediente

Escribe cada palabra junto a su significado.

1. medida de capacidad (cuatro cuartos) _____

2. aviso comercial _____

3. elemento usado en una receta _____

4. costoso, de precio alto _____

5. inteligente, excelente _____

6. buen resultado, triunfo _____

Comprensión de lectura

Marca con ✔ la oración que diga algo verdadero de "El millonario de la pasta de dientes".

_____ **1.** Rodolfo vio que la pasta de dientes de la farmacia era barata.

_____ **2.** El principal ingrediente de la pasta de dientes era bicarbonato.

_____ **3.** Rodolfo ganaba un centavo con cada frasquito.

_____ **4.** Rodolfo llamó *Chispa* a su pasta de dientes.

_____ **5.** Rodolfo pagó a todos sus amigos para que trabajaran para él.

_____ **6.** Rodolfo dio a sus amigos acciones de la compañía.

_____ **7.** Los tubos de aluminio eran mejores que los frascos.

_____ **8.** El banco le concedió el préstamo a Rodolfo.

_____ **9.** Hicieron un anuncio para vender más pasta de dientes.

_____ **10.** Vendieron toda la pasta de dientes y Rodolfo cerró la compañía.

Para hacer en casa: Pida a los estudiantes que analicen dos de las decisiones que tomó Rodolfo al dirigir su negocio.

166–167

Libro 4/Unidad 6
El millonario de la pasta de dientes

10

Usar un catálogo de biblioteca en computadora

Un **catálogo de biblioteca en computadora** te permite buscar libros por título, autor o tema. Al hacer una búsqueda por autor o tema, el catálogo en computadora te da la lista de libros de ese autor o sobre ese tema que hay en la biblioteca y te dice cuál es su signatura (el código de dónde puedes hallarlo) y si están disponibles.

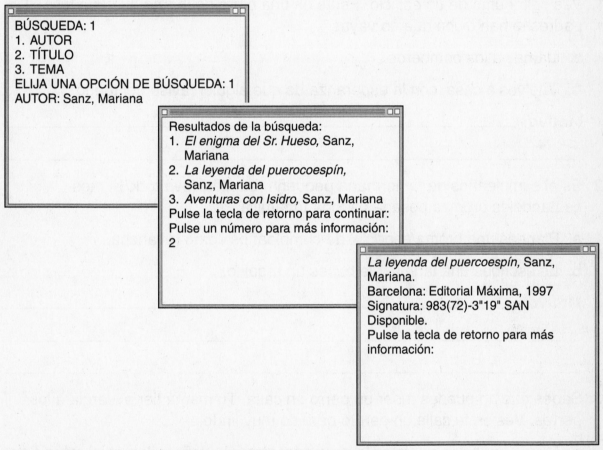

BÚSQUEDA: 1
1. AUTOR
2. TÍTULO
3. TEMA
ELIJA UNA OPCIÓN DE BÚSQUEDA: 1
AUTOR: Sanz, Mariana

Resultados de la búsqueda:
1. *El enigma del Sr. Hueso,* Sanz, Mariana
2. *La leyenda del puerocoespín,* Sanz, Mariana
3. *Aventuras con Isidro,* Sanz, Mariana
Pulse la tecla de retorno para continuar:
Pulse un número para más información:
2

La leyenda del puercoespín, Sanz, Mariana.
Barcelona: Editorial Máxima, 1997
Signatura: 983(72)-3"19" SAN
Disponible.
Pulse la tecla de retorno para más información:

Consulta las pantallas para responder a las preguntas.

1. ¿Qué debes hacer en la primera pantalla si quieres conocer los libros de un autor? _____

2. ¿Qué harías para buscar libros sobre un determinado tema? _____

3. ¿Cuántos libros de Mariana Sanz hay en la biblioteca? _____

4. ¿Podrías sacar hoy *La leyenda del puercoespín*? ¿Cómo lo sabes?

_____

4   Libro 4/Unidad 6
El millonario de la pasta de dientes

Para hacer en casa: Pida a los estudiantes que practiquen la búsqueda automatizada en la biblioteca pública.

168

Expresar opiniones y tomar decisiones

> Los personajes **expresan opiniones** y **toman decisiones.** Tú lo haces también todos los días.

Rodea con un círculo la letra que corresponda a lo que harías en cada una de las situaciones siguientes. Explica después tu decisión.

1. Ves salir humo de un edificio. Estás en una parte del barrio a la que tus padres te han dicho que no vayas.

   a. Llamas a los bomberos.

   b. Vuelves a casa, con la esperanza de que alguien avise del fuego.

   Motivo: _____

   _____

2. Es el cumpleaños de tu hermana pequeña. La niña lleva todo el mes gastándoles bromas pesadas a toda tu familia.

   a. Planeas una broma especial de cumpleaños como revancha.

   b. Le escribes una tarjeta y le haces un regalito.

   Motivo: _____

   _____

   _____

3. Sabes que no puedes tener un perro en casa. Tu mamá tiene alergia a los perros. Ves en tu calle un perrito perdido muy lindo.

   a. Pones anuncios por la calle para encontrar al dueño y llamas al refugio de animales.

   b. Como es pequeño, piensas que puedes esconderlo, y te lo llevas a casa.

   Motivo: _____

   _____

Para hacer en casa: Invite a los estudiantes a explicar los motivos de alguna decisión que tomaron en una situación determinada.

169

Libro 4/Unidad 6
El millonario de la pasta de dientes

3

Problema y solución

Si te fijas en los **problemas y las soluciones** de los personajes te resultará más fácil entender los cuentos que lees.

Lee el cuento siguiente. Después escribe tus respuestas.

La clase de sexto grado quería ir al mar a ver ballenas en libertad. Nati llamó pidiendo información sobre un viaje de observación de las ballenas. Costaba 35 dólares por persona. Para 20 estudiantes, un maestro y cuatro padres, el costo sería de 875 dólares. La asociación de padres ofreció aportar hasta 300 dólares. Los estudiantes acordaron que cada uno podría poner 10 dólares de su bolsillo. Quedaban por reunir 375 dólares.

Los estudiantes decidieron lavar autos y vender tortas caseras. Un día que hizo buen tiempo vino mucha gente a que le lavaran el auto. Mientras esperaban, los clientes se compraban las ricas tortitas. Al terminar el día, los estudiantes habían reunido el dinero que necesitaban para el viaje.

1. ¿Qué problema tienen los estudiantes? _____

2. Gradúa la dificultad del problema en una escala del 1 al 4. Un 4 significa que

   es difícil de resolver. Explica tu graduación. _____

   _____

3. ¿De qué modo resuelven los estudiantes el problema? _____

   _____

4. Gradúa la solución en una escala del 1 al 4. Un 4 quiere decir que la solución

   fue magnífica. Explica tu respuesta._____

   _____

   _____

4 Libro 4/Unidad 6
El millonario de la pasta de dientes

Para hacer en casa: Pida a los estudiantes que expliquen cómo resolverían el problema de necesitar dinero para comprar algo.

170

Sinónimos y antónimos

Los **sinónimos** son palabras que significan lo mismo. Los **antónimos** significan lo contrario.

Lee las palabras siguientes. Rodea con un círculo la palabra *sinónimos* o *antónimos* según lo que sea cada par de palabras.

1. exactamente/precisamente   sinónimos   antónimos

2. olvidó/recordó   sinónimos   antónimos

3. dar/recibir   sinónimos   antónimos

4. ganancias/pérdidas   sinónimos   antónimos

5. extraño/raro   sinónimos   antónimos

6. comprender/entender   sinónimos   antónimos

7. exposición/exhibición   sinónimos   antónimos

8. comprador/vendedor   sinónimos   antónimos

9. entrada/salida   sinónimos   antónimos

10. amigos/compañeros   sinónimos   antónimos

11. hermoso/bello   sinónimos   antónimos

12. abundante/escaso   sinónimos   antónimos

Escribe un sinónimo o un antónimo de cada palabra, según las indicaciones. Puedes usar un diccionario normal o de sinónimos si lo necesitas.

1. antónimos   feo   _____

2. sinónimos   hablar   _____

3. sinónimos   ocultar   _____

4. antónimos   complicado   _____

5. antónimos   lleno   _____

6. sinónimos   maravilloso   _____

Para hacer en casa: Pida a los estudiantes que hagan una lista de pares de antónimos y de sinónimos que les gustaría usar cuando escriban sus propios textos.

171

Libro 4/Unidad 6
El millonario de la pasta de dientes
18

Causa y efecto

La **causa** es el motivo por el que ocurre algo; lo que ocurre es el **efecto.**

Lee el párrafo siguiente. Después escribe oraciones que respondan a las preguntas sobre causas y efectos.

Aunque no tengamos la intención de dañar nuestro planeta, provocamos problemas medioambientales porque no reflexionamos sobre los efectos de nuestras acciones. Los esfuerzos por evitar las inundaciones del río Mississippi nos ofrecen un buen ejemplo. Durante siglos, el gran río se ha desbordado y ha inundado sus riberas. Se han gastado miles de millones de dólares en evitar que el río se desborde. Éste, sin embargo, sigue desbordándose. Algunos expertos afirman que los proyectos para impedir las inundaciones sólo han servido para empeorar las cosas. Por si fuera poco, se han drenado pantanos. Las consecuencias de esta pérdida de hábitats han sido graves alteraciones de la fauna y la flora.

1. ¿Cuál es la causa general de los problemas medioambientales? _____
_____

2. ¿Cuál ha sido el desafortunado efecto general de los esfuerzos por controlar los desbordamientos del río Mississippi? _____
_____

3. ¿Qué opinan algunos expertos? _____
_____

4. ¿Qué otros dos efectos tiene el programa de prevención de inundaciones?
_____
_____

Vocabulario

Escribe la letra de la definición correcta de cada una de las palabras de la derecha.

_____ **1.** esconder

_____ **2.** valor, relevancia

_____ **3.** buscar parecidos y diferencias

_____ **4.** cosa que sirve de modelo

_____ **5.** húmedo, encharcado

_____ **6.** grupo de seres parecidos

a. pantanoso

b. ocultar

c. especie

d. ejemplo

e. importancia

f. comparar

Comprensión de lectura

Escribe la letra de la palabra o las palabras que completen cada afirmación sobre "Salvemos los Everglades".

1. Los Everglades están en el estado de _____.

    a. Nueva York   **b.** Florida

2. Los constructores trataron de _____ el pantano para poder construir granjas y ciudades.

    a. drenar   **b.** llenar

3. _____ construyen canales y diques para evitar las inundaciones.

    a. Los dueños de las casas   **b.** Los ingenieros

4. Los fertilizantes químicos y otros productos han alterado _____ en los Everglades.

    a. la temperatura del agua   **b.** la flora

5. ¿Mucha gente está convencida de que _____ salvar los Everglades.

    a. es posible   **b.** es imposible

Para hacer en casa: Pida a los estudiantes que dibujen un cocodrilo o un caimán.

173–174

Libro 4/Unidad 6
Salvemos de Everglades

5

Usar Internet

Internet es una herramienta muy útil para buscar información con la computadora. Con un simple *click* con el ratón, puedes encontrar páginas sobre prácticamente cualquier cosa.

Lee el texto siguiente de una página de Internet. Luego usa el menú de la computadora para responder a las preguntas.

Si te interesa encontrar información sobre el Parque Nacional de Yellowstone, puedes ir directamente a la página principal de los parques nacionales en http://www.nps.gov/yell/. Desde allí puedes seleccionar una serie de temas distintos a los que tienes acceso señalándolos y haciendo *click* con el ratón. Cada tema, a su vez, te llevará a otros apartados. Al final de la página de Internet hay también enlaces con otras páginas.

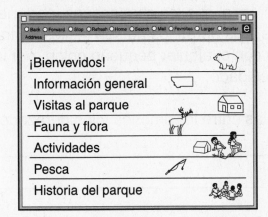

1. ¿De qué trata esta página de Internet? _____

2. ¿Qué tema seleccionarías para obtener información sobre los animales del

   parque? _____

3. ¿Dónde buscarías información para ir a acampar al parque? _____

4. Si quisieras un mapa del parque ¿qué seleccionarías? _____

   _____

5. ¿Dónde averiguarías en qué año se fundó del parque? _____

   _____

Comparar y contrastar

> Con frecuencia los escritores **comparan y contrastan** dos o más cosas, señalando en qué se parecen y en qué se diferencian.

Lee el párrafo siguiente. Escribe después tus respuestas.

Hay quien dice que los limones son la fruta del sol, por su brillante color amarillo. Estos frutos tienen una gruesa piel que protege el jugo y la pulpa de su interior. El delicioso sabor ácido de los limones es perfecto para tortas, dulces y refrescos. Los limones se transportan sin dificultad y se venden en todo el país.

Los duraznos tienen un color entre el rosa y el anaranjado, con una piel suave y aterciopelada. La carne del durazno maduro es tierna, jugosa y de sabor dulce. Si nos fijamos en el hueso de un durazno, veremos que se parece a una almendra: no es casualidad, puesto que éstos, igual que los chabacanos, pertenecen a la misma familia de plantas. Los duraznos no son fáciles de transportar, porque se dañan con cualquier pequeño golpe, por lo que hay que empacarlos con cuidado.

Escribe cuatro diferencias entre los limones y los duraznos.

1. _____

2. _____

_____

3. _____

4. _____

_____

5. Aunque no lo dice el texto, ¿en qué se parecen los limones y los duraznos?

_____

Para hacer en casa: Pida a los estudiantes que se comparen con otra persona de su familia e indiquen sus diferencias y semejanzas.

176

Libro 4/Unidad 6
Salvemos de Everglades
5

Claves de contexto

A menudo los lectores pueden averiguar el significado de las palabras que no conocen si se fijan en las **claves de contexto,** es decir, en las otras palabras que las acompañan.

Lee el párrafo siguiente. Busca claves de contexto que te puedan ayudar a saber qué significan las palabras marcadas en letra negrita.

Las Montañas Rocosas, con altas **cumbres** que llegan a superar los 4,000 pies, presentan grandes **perspectivas:** desde las alturas, las vistas de los valles y de los montes vecinos son inolvidables.

En medio de esta **cordillera** se encuentra la Línea Divisoria Continental. Así se llama el recorrido de las cimas que dividen los ríos de América del Norte en dos zonas: los que bajan por la **ladera** oeste de las montañas, que van a parar al océano Pacífico, y los que lo hacen por la ladera este, **desembocando** en el océano Atlántico.

Claves de contexto
a. vistas de valles y montes
b. bajan por, de la cordillera
c. montañas, altas, superar los 4,000 pies
d. Montañas Rocosas
e. ríos, van a parar a

Escribe junto a cada una de las definiciones la letra de las claves de contexto y la palabra que ayudaron a entender.

Definiciones

1. conjunto de montañas _____

2. llegando los ríos al mar _____

3. vistas, panoramas _____

4. lado inclinado de una montaña _____

5. partes más altas de las montañas _____

Libro 4/Unidad 6
Salvemos los Everglades
5

Para hacer en casa: Pida a los estudiantes que usen las palabras marcadas en letra negrita para contar un cuento.

177

Sinónimos y antónimos

Los **sinónimos** son palabras de significados iguales o muy parecidos entre sí. Los **antónimos** tienen significados contrarios.

Elige uno de los sinónimos siguientes para sustituir la palabra subrayada en cada una de las oraciones. Escribe el sinónimo junto a la oración.

acabar	peligro	hogares	belleza	lentamente

1. Los constructores hicieron <u>casas</u> en lugares donde antes vivían los caimanes.

   _____

2. Muchos animales están en una situación de <u>riesgo</u>. _____

3. Los Everglades son un lugar de una <u>hermosura</u> especial. _____

4. La contaminación en los Everglades tiene que <u>terminar</u>. _____

5. Si no quieres asustar a las aves, debes moverte muy <u>despacio</u>. _____

Elige uno de los antónimos siguientes para sustituir la palabra subrayada en cada una de las oraciones. Escribe el antónimo junto a la oración.

acabar	peligro	hogares	belleza	lentamente

1. Hay <u>pocos</u> animales cuya supervivencia esté en peligro. _____

2. Debemos conseguir que este parque no llegue a <u>aparecer</u>. _____

3. Es importante que la entrada de agua sea <u>insuficiente</u>. _____

4. Esperamos que los Everglades puedan sobrevivir en el <u>pasado</u>. _____

5. El pantano es como una bañera que se <u>vacía</u> en invierno. _____

Para hacer en casa: Pida a los estudiantes que usen algunas de las palabras de arriba para hacer una tabla de sinónimos y antónimos.

178

Libro 4/Unidad 6
Salvemos de Everglades

10

Repaso de vocabulario de la Unidad 6

A. Completa las oraciones con palabras del recuadro.

galón	**éxito**	**capaz**	**circular**	**organización**

1. Había tanta nieve que los autos no podían _____.

2. La representación teatral fue un gran _____.

3. César es _____ de saltar una valla de 1 metro.

4. Hugo compró un _____ de jugo de manzana.

5. Mi papá trabaja en una _____ de conservación de la naturaleza.

B. Vuelve a ordenar las letras de las palabras extrañas y escribe las palabras del vocabulario que formes con ellas. Escribe también la letra de la definición correspondiente a cada una de estas palabras.

resignarse	**avanzar**	**anuncio**	**comparar**	**ocultar**

Definiciones
a. ir hacia adelante
b. observar semejanzas y diferencias
c. esconder
d. aviso publicitario
e. aceptar algo sin quejarse

1. zaravan _____

2. otarcul _____

3. narsigsere _____

4. pacomrar _____

5. cionuna _____

10 Libro 4/Unidad 6
Repaso

Para hacer en casa: Pida a los estudiantes que usen algunas de las palabras del vocabulario para escribirlas con las letras desordenadas. Después podrán pedirle a un familiar que trate de reordenarlas para hallar las palabras originales. **179**

Repaso de vocabulario de la Unidad 6

A. Completa las oraciones con palabras del recuadro.

importancia	**pantanoso**	**ingredientes**	**especies**	**oponente**

1. La harina, la leche y el azúcar son ejemplos de _____.

2. El león, el tigre y el leopardo son _____ distintas.

3. Si una cosa tiene _____, hay que tomarla en serio.

4. Cuando un terreno es _____, es muy húmedo.

5. Cuando compites contra otra persona, ésta es tu _____.

B. Completa el párrafo con las palabras del recuadro.

aliento	**extraordinario**	**satisfecho**	**encargo**	**caro**

El Sr. Parra admiraba mucho las esculturas de Cándido: le

parecía un artista _____. Decidió hacerle un

_____ y pedirle una escultura enorme para su jardín.

Sabía que un encargo así sería _____, porque

Cándido era muy famoso, pero que valdría la pena. Cándido tardó

varios meses en hacer la escultura, pero cuando la terminó, estaba

_____, le gustaba cómo había quedado. El Sr. Parra

se emocionó tanto cuando la vio que se quedó sin

_____.

Para hacer en casa: Pida a los estudiantes que escriban otras oraciones con las mismas palabras del vocabulario del ejercicio A.

180

Libro 4/Unidad 6
Repaso
10